BEWUSSTSEINSSTUFEN

GEORG KÜHLEWIND

BEWUSSTSEINSSTUFEN

Meditationen
über die Grenzen der Seele

VERLAG FREIES GEISTESLEBEN

Die Kapitel 4, 5 und 8 erschienen als selbständige Aufsätze in der Zeitschrift »Die Drei« 42. und 43. Jahrgang, Stuttgart 1972 und 1973

2. Auflage 1980

Gesamtherstellung: ARPA-Druck, Langnau / Zürich
ISBN 37725 0659 3

Inhalt

Vorbemerkung

Es ist die größte Schwierigkeit des modernen Menschen, die Schwelle des gespiegelten Bewußtseins zu bemerken, zu sehen, zu überwinden. Wie dazu in Rudolf Steiners »Philosophie der Freiheit« hingeleitet wird, versucht der erste Aufsatz zu zeigen. Die Besinnung auf diese Schwelle, die zwischen dem Denken und dem Gedachten liegt, führt den Experimentierenden zum »Grunderlebnis des Geistes«. Im dritten Aufsatz wird versucht, zu den ersten Schritten im Bereich der Konzentration und Kontemplation eine Methodik zu entwickeln. Die zwei letzten Aufsätze bringen Ergebnisse: wie beim Betrachten der Grenzen der Seele diese Grenzen durchsichtig und durchlässig werden. Die Form der Mitteilung ist eine solche, daß der Leser, die Linien der Denkbewegung nachzeichnend, in das Weben des Denkens eintritt.

Die zwei Bewußtseinsstufen in der »Philosophie der Freiheit«

Die Grenzen des Denkens

Für den heutigen Menschen ist es verhältnismäßig leicht, die Grenzen des Denkens und damit auch die seines Bewußtseins in den Erfahrungsbereich zu bringen, und das sogar auf verschiedene Weise. Man braucht nur zu fragen: *warum* ist etwas evident? Woraus besteht die Evidenz? Warum ist das Logische logisch? Das Denken weiß keine Antwort auf diese Fragen, beziehungsweise es müßte das In-Frage-Gestellte für jeden Antwortversuch voraussetzen. Deshalb das Unbehagliche solcher Fragen. Oder man geht ihnen, wo man kann, aus dem Wege, wodurch ungewollt das Heruntersinken des denkenden Bewußtseins auf eine vorkritische, naive Ebene, auf diejenige der unreflektierten Verwendung des Denkens gefördert wird. Deshalb die halb-durchdachten Versuche zur Regelung oder Schematisierung des Denkens, damit es »richtig« sei, – ohne zu bemerken, daß die Regelung doch wieder durch ein Denken geschieht, durch ein Denken verstanden und bewertet werden muß, das noch nicht »geregelt« ist. Man ist sich oft nicht bewußt, daß die Logik *aus* dem Denken kommt, nicht umgekehrt. *Erst* denkt man logisch, *dann* schafft man oder versteht man die Logik als beschreibende, nicht normative Wissenschaft. Diese setzt das logische Denken immer voraus (1).

Das Hinführen an die Grenze kann aber auch andere Formen annehmen. Daß die »Sprache« nur für die einfachsten Aussagen eindeutige Ausdrucksformen liefert, hat schon Wittgenstein festgestellt. (Er meint eigentlich nicht die Formen der Sprache, sondern des Denkens.) Es kann aber leicht gezeigt werden, daß der einfachste Satz – etwa: hier ist der Tisch – Elemente enthält, welche eigentlich nicht durchschaut, ja sogar nicht durchdacht werden können. In

dem angeführten Satz ist offenbar das Wort und der Begriff »ist« ein solcher, dem man nicht auf den Grund gehen kann, denn wer könnte seine Bedeutung erklären? Das Kind erfaßt diesen Begriff – wie auch alle anderen – intuitiv-unbewußt, verwendet ihn ohne Fehler, und dabei bleibt es beim Erwachsenen. Ebenso »unerklärlich« ist der Begriff »hier«. Zur Klärung ist mindestens der Begriff »dort« nötig. Jeder dieser Begriffe ist für sich allein unerklärlich. Zum Verstehen beider ist die Intuition »hier-dort« notwendig, und zu dieser kann man hinführen, sie jedoch nicht hervorrufen oder »verständlich machen« durch andere Begriffe. Wort und Begriff »Tisch« scheint uns am ehesten zugänglich zu sein. Versuchen wir aber, ihn zu erklären oder zu definieren: Die unwesentlichen Merkmale beiseite lassend (Werkstoff, Anzahl der Beine, Form usw.), bleiben horizontale Fläche, Härte, begrenzte Größe und Höhe. Es kann aber leicht gezeigt werden, daß auch diese nicht zwingend sind. Man kann auf einem liegenden Bierfaß »tischen«. Es ist modern, auf dem Fußboden zu tischen, und bei einem Ausflug kann ein Tuch, hingelegt auf den Abhang eines Hügels, als Tisch dienen. Alle als wichtig erkannten Eigenschaften hat also der »Tisch« eingebüßt. Es bleibt bei dieser völligen Entmaterialisierung und Entkleidung der Form allein die »Funktion«, das Dienende des Tisches. Worin besteht aber die Funktion? Zum Essen, Schreiben, Kartenspielen, Schachspiel etc. zu dienen – das alles und noch weiteres kann nicht definiert oder begrifflich genau angegeben werden. Es bleibt wieder die Intuition: ein jeder »weiß« doch, was eigentlich ein Tisch ist oder als Tisch dient, unter allen Umständen.
Es ist nur ein Schritt weiter zu tun, um einzusehen, daß die Festlegung der »Bedeutung« von einzelnen Worten auf rationellem Wege ohne Berufung auf die Intuitionsfähigkeit einfach nicht möglich ist. Sehr klar kommt das zum Ausdruck bei Begriffen, die nicht aus der Wahrnehmungswelt stammen. Der wirtschaftswissenschaftliche Begriff »Arbeit« ist stark umstritten und kann nur erklärt werden, wenn man weitere Begriffe zu Hilfe nimmt. Wenn man das Verfahren auch auf diese hin fortsetzt, also diese wieder festlegen will durch »Konvention«, muß man von neuem weitere Be-

griffe verwenden, und es ist offensichtlich, daß dieser Versuch in eine nicht zu beherrschende Divergenz einmündet. Letztlich ist es doch das Vertrauen auf »*das* versteht sich sowieso«, was die Kommunikation ermöglicht.
Es ist aus den wenigen obigen Beispielen klar, daß die paradoxe Situation in bezug auf die wohl verwendeten, aber hinsichtlich ihres Ursprungs unklaren Begriffe daher stammt, daß das Bewußtsein immer nur das Schon-Gedachte »mit-erlebt«, der *Vorgang* des Denkens aber *vor* dem Gedachten liegt und dieser Vorgang – das *Werden* des Gedachten – demnach vorbewußt ist. Ohne Gedachtes, Vorgestelltes gibt es kein gewöhnliches Bewußtsein. Ein »leeres« Bewußtsein herzustellen ist gewöhnlich nicht möglich. Wir geraten bei dem Versuch in eine Art Träumen oder Schlafen (2).

Das Denken über das Denken

Die erste Hälfte der »Philosophie der Freiheit« Rudolf Steiners bezieht sich auf eine Bewußtseinsstufe, die dadurch charakterisiert werden kann, daß auf ihr die Inhalte des Bewußtseins durch Beobachtung gegeben sind und insbesondere als ausgezeichnete Beobachtung auf diesem Bewußtseinsfelde die des Denkens, genauer ausgedrückt: des Gedachten, gemacht werden kann. In den ersten sieben Kapiteln des Werkes wird unter »Denken« nicht der Vorgang selber, sondern, wie im gewöhnlichen Sprachgebrauch, das in das Bewußtsein fallende Ergebnis dieses Vorganges verstanden. Es wird dies dort besonders klar, wo Steiner über die Beobachtung des Denkens spricht: »Ich bin sogar in demselben Fall, wenn ich den Ausnahmezustand eintreten lasse und über mein Denken selbst nachdenke. Ich kann mein gegenwärtiges Denken nie beobachten; sondern nur die Erfahrungen, die ich über meinen Denkprozeß gemacht habe, kann ich nachher zum Objekt des Denkens machen. Ich müßte mich in zwei Persönlichkeiten spalten: in eine, die denkt, und in die andere, welche sich bei diesem Denken selbst zusieht, wenn ich mein gegenwärtiges Denken beobachten wollte. Das kann ich nicht. Ich kann das nur in zwei getrennten Akten ausführen. Das Denken, das beobachtet werden soll, ist nie das dabei in Tätigkeit befindliche, sondern ein anderes« (3). – »Zwei Dinge vertragen sich nicht: tätiges Hervorbringen und beschauliches Gegenüberstellen« (4).

Der intuitive Charakter des Erscheinens des Gedachten tritt uns klar entgegen in den folgenden Aussagen. »Was ein Begriff ist, kann nicht mit Worten gesagt werden. Worte können nur den Menschen darauf aufmerksam machen, daß er Begriffe habe« (5). – »Im Gegensatz zum Wahrnehmungsinhalte, der uns von außen gegeben ist, erscheint der Gedankeninhalt im Innern. Die Form, in der er zunächst auftritt, wollen wir als *Intuition* bezeichnen. Sie ist für das Denken, was die *Beobachtung* für die Wahrnehmung ist« (6).

Die »Form«, die Art und Weise, wie wir Begriffe »bilden«, wird hier Intuition genannt. Wir »erleben« dieses »Bilden« aber zunächst nicht, sondern nur das Ergebnis der Intuition, weil wir nicht fähig sind, die Geistes-Gegenwart im Bilden der Begriffe zu erleben; wir erleben allein den ständigen Verlust der Gegenwärtigkeit (7), d. h. das in die Vergangenheit Fallende, das Vergangene, den fertigen Begriff. Versuche das Gegenwärtige zu fassen: jetzt! – es ist schon vorbei.

»Der Mensch nimmt, indem er denkt, eigentlich nur die letzten Phasen seiner denkerischen Tätigkeit, seines denkerischen Erlebens wahr« (8). Es folgt der zitierten Stelle eine ausführliche Beschreibung der verschiedenen Phasen des Denkvorganges. Ähnliche Feststellungen in bezug auf das Wahrnehmen stehen zum Beispiel in der ersten Meditation des Büchleins »Ein Weg zur Selbsterkenntnis des Menschen« (9).

Die Möglichkeit, das gedachte Denken zu beobachten oder über das Gedachte zu denken, war vor dem Zeitalter der Bewußtseinsseele nicht gegeben. Die Verstandesseele verwendet zwar scharfsinnigst das Denken, dieses ist aber immer Ancilla eines anderen Prinzips, heute Ancilla Technicae, Ventris, um anderes nicht zu erwähnen, jedenfalls Ancilla Corporis (Magd der Technik, des Magens, des Körpers). Über das Denken zu denken, fängt man in der Scholastik an, ein Vorspiel der Bewußtseinsseele. Typisch für die Bewußtseinsseelen-Art ist Descartes' »Cogito ergo sum«, bei aller Unzulänglichkeit dieser Aussage. Offensichtlich ist es die Fähigkeit des reinen, wahrnehmungsfreien, abstrakten Denkens, das diese Reflexion auf das Denken ermöglicht. Damit aber kommen auch alle Zweifel über das Denken, über das Erkennen, es kommt das Zeitalter der Erkenntnistheorie. Das Erkennen wird nicht mehr naiv hingenommen. Man denkt über das Erkennen nach. Da man dies mit denselben Erkenntniskräften tut, die auch sonst im Erkennen wirken, kommt die erkenntnistheoretische Bestrebung bald zu einem sich selber widersprechenden Agnostizismus, und bald danach wird das Unternehmen aufgegeben. Das Denken sieht ein – wenn das auch nicht bewußt im Denkenden geschieht –, daß jede Aussage des Denkens über sich selbst keinen anderen Wert haben kann als jede andere Aussage, – das Denken »sieht« sich nicht beim Denken, nur *nach* dem Denken, nachdem schon gedacht wurde–; denn die Ebene des Denkens, des Erkennens ändert sich nicht dadurch, daß das Denken über das Gedachte denkt. Vor der Jahrhundertwende wurden die erkenntnistheoretischen Bestrebungen im Grunde genommen aufgegeben. Ausnahme bilden zwei Philosophen: Hegel und Gentile. Beide haben die Intuition des Denkvorganges und setzen diesen in den Mittelpunkt ihres Forschens, ohne aber diesen Vorgang wirklich zu *erfahren* und eine Anleitung zu solcher Erfahrung geben zu können. Diese Aufgabe greift Rudolf Steiner in seinem ganzen Lebenswerk auf.

Die Forderung: den Denkprozeß zu erfahren

Um zu einer nicht resignierenden, positiven Erkenntnistheorie zu gelangen, besteht auf Grund der bisherigen Ausführungen die Notwendigkeit, den Denkprozeß selbst in den Bereich des Erfahrens zu bringen. Es ist wohl klar, daß dies keine Spekulation, kein weiteres »Nach-Denken« sein kann, sondern eine eigene Handlung, ein Tun. Zu dieser Notwendigkeit müßte eigentlich eine jede Wissenschaft, müßten besonders die Naturwissenschaften kommen. Wir tun ja alles, auch jede Forschung, durch das Denken. Aber wir wissen vom Wesen dieses Denkens eigentlich nichts. Wäre es nicht angebracht, das Werkzeug, womit wir alles, auch die Technik, hervorbringen, zu erkennen? Was als oft unbewußtes Hindernis dieser Forderung im Wege steht, ist eben der Umstand, daß für dieses Unternehmen eine neue Fähigkeit zu erwerben ist, etwa wie die Fähigkeit zu einer Kunstbetätigung, durch Tun, Üben, und nicht durch Lesen, Nachdenken, Wissen-Sammeln. Eine sachgemäße Anleitung (Pädagogik) zu solcher Tätigkeit ist bisher, außer im Werk von Rudolf Steiner, kaum zu finden. Dieses Werk ist aber nicht leicht zugänglich für den heutigen Menschen und steht in der Betrachtungsweise und in der Zielsetzung allein.

Die Freiheit des Menschen ist mit der Bewußtseinsseele veranlagt. Das zeigt sich zum Beispiel darin, daß der Mensch überhaupt die Frage nach der Freiheit stellen kann. Es wäre ihm das nicht möglich, wäre er völlig unfrei. Er würde dann den Begriff der Freiheit nicht einmal in der dumpfen, halbbewußten Form fassen können, wie es gewöhnlich geschieht, weil keine Instanz, kein Forum in seinem Wesen die Unfreiheit bemerken würde. Zum Begreifen der Freiheit ist beides, das Bemerken, das Erschauen der Unfreiheit wie auch das Erschauen der Freiheit nötig. An beiden muß der Mensch teilhaben.

Die Möglichkeit der Freiheit ist der Bewußtseinsseele darin gegeben, daß sie das eigene vergangene Denken beobachten kann. Diese Vergangenheit zwingt nicht unmittelbar, sie ist eine tote Welt, kraftlos, schattenhaft, und eben deshalb beobachtbar. Die beobachtende Instanz ist *immer* gegenwärtig, kommt aber immer nur *nachher,* im nächsten Augenblick zum Bewußtsein: immer in der Vergangenheit. Um aus der Möglichkeit der Freiheit die Wirklichkeit der Freiheit zu entwicklen, ist es nötig, daß die die Vergangenheit beobachtende Instanz sich selbst in der Gegenwärtigkeit ergreife und erfahre; außer dieser ist kein Subjekt »gegenwärtig«, das frei sein könnte. Nur ein Gegenwartsbewußtsein kann frei sein. Unser gewöhnlicher Ich-Begriff ist in der Tat auch nur eine Erinnerung, ein Schatten, ein Gedachtes: die Erinnerung einer Intuition.

So ist es zu erwarten, daß in der zweiten Hälfte der »Philosophie der Freiheit« der Schritt geschildert wird, mit dem das Beobachten aus einem Gegenüberstand zum Gedachten in das Erfahren, in das Erleben des gegenwärtigen Denkens übergeht. Es muß auf das lebendige Denken und auf die Erfahrung des lebendigen Denkens hingewiesen werden. Das lebendige Denken ist der Vorgang oder die übersinnliche Kraft, woraus das Gedachte erscheint. Was wir gewöhnlich das Denken nennen, ist eigentlich das Erscheinen des Gedachten: als ob ein fließendes Wasser während des Fließens in Eisstücke gerinnen würde und wir nur die immer wachsende Anzahl der Eiskristalle, der Gedanken bemerkten. Aus den obigen Ausführungen wird klar, daß das lebendige Denken mit dem gewöhnlichen Bewußtsein, das auf dem Gedachten beruht, nicht zu erfahren ist. Es ist dem gewöhnlichen Bewußtsein gegenüber *vorbewußt.*

Das Erleben des Denkaktes

In der Tat wird auf diese Erfahrung im Zusatz des 8. Kapitels und am Anfang des 9. Kapitels der »Philosophie der Freiheit« eindrücklich Bezug genommen. Es wird zuerst das tote Denken geschildert, dann das lebendige Denken und die Erfahrung des letzeren. Diese Sätze seien hier wiedergegeben (in Klammern stehen die Bemerkungen des Verfassers dieses Aufsatzes, die kursiv gedruckten Stellen sind im Zitat selbst hervorgehoben): »Die Schwierigkeit, das Denken in seinem Wesen beobachtend zu erfassen, liegt darin, daß dieses Wesen der betrachtenden Seele nur allzu leicht schon entschlüpft ist, wenn diese es in die Richtung ihrer Aufmerksamkeit bringen will. Dann bleibt ihr nur das tote Abstrakte, die Leichname des lebendigen Denkens. (Es wird wieder die Schwierigkeit erwähnt, das gegenwärtige Denken zu erfahren; es wird aber nicht als unmöglich hingestellt wie im Zitat aus dem 3. Kapitel.) Sieht man nur auf dieses Abstrakte, so wird man leicht ihm gegenüber sich gedrängt finden, in das 'lebensvolle' Element der Gefühlsmystik, oder auch Willensmetaphysik einzutreten. Man wird es absonderlich finden, wenn jemand in 'bloßen Gedanken' das Wesen der Wirklichkeit ergreifen will. Aber wer sich dazu bringt, das *Leben im Denken* wahrhaft zu haben, der gelangt zur Einsicht, daß dem inneren Reichtum und der in sich ruhenden, aber zugleich in sich bewegten *Erfahrung* innerhalb dieses Lebens das Weben in bloßen Gefühlen oder das Anschauen des Willenselementes nicht einmal verglichen werden kann... Das Wollen, das Fühlen, sie erwärmen die Menschenseele auch noch im Nacherleben ihres Ursprungszustandes. Das Denken läßt nur allzuleicht in diesem Nacherleben kalt; es scheint das Seelenleben auszutrocknen. Doch dies ist eben nur der stark sich geltend machende Schatten seiner lichtdurchwobenen, warm in die Welterscheinungen untertauchenden Wirklichkeit. Dieses Untertauchen geschieht mit einer in der Denkbetätigung selbst dahinfließenden Kraft, welche Kraft der Liebe in geistiger Art ist. Man darf nicht einwendend sagen, wer so Liebe im tätigen Denken sieht, der verlegt ein Gefühl, die Liebe, in dasselbe. Denn dieser Einwand ist in Wahrheit eine Bestätigung des hier geltend Gemachten. Wer nämlich zum *wesenhaften* (= lebendigen, nicht vergangenen) Denken sich hinwendet, der findet in demselben sowohl Gefühl wie Willen, die letzteren auch in den Tiefen ihrer Wirklichkeit (erkennendes Gefühl, erkennender Wille); wer von dem Denken sich ab- und nur dem 'bloßen' Fühlen und Wollen zuwendet, der verliert aus diesen die wahre Wirklichkeit. Wer im Denken *intuitiv erleben* will, der wird auch dem gefühlsmäßigen und willensartigen Erleben gerecht... « (10).

Dem aufmerksamen Leser ist aus diesen Sätzen ersichtlich, daß es sich hier nicht um die Beobachtung des vergangenen Denkens handelt, d. h. des Gedachten, sondern daß vom Erleben des gegenwärtigen, lebendigen Denkens gesprochen wird. Dasselbe wird am Anfang des 9. Kapitels aus anderen Gesichtspunkten geschildert:

»Ein richtiges Verständnis dieser Beobachtung (des Verhältnisses des erkennenden Menschen zur Welt) kommt zu der Einsicht, daß das Denken als eine in sich beschlossene Wesenheit unmittelbar angeschaut werden kann (es handelt sich offenbar auch hier um eine neue Form der Erfahrung, nicht um ein »Gegenüberstehen«). ...

Wer das Denken beobachtet, lebt während der Beobachtung unmittelbar in einem geistigen, sich selbst tragenden Wesensweben darinnen. Ja, man kann sagen, wer die Wesenheit des Geistigen in der Gestalt, in der sie sich dem Menschen *zunächst* darbietet, erfassen will, kann dies in dem auf sich selbst beruhenden Denken (11). ... Er (der die Wesenheit des Denkens Durchschauende) wird in demjenigen, das als Denken im Bewußtsein auftritt, nicht ein schattenhaftes Nachbild einer Wirklichkeit sehen, sondern eine in sich ruhende geistige Wesenhaftigkeit. Und von dieser kann er sagen, daß sie ihm durch *Intuition* im Bewußtsein gegenwärtig wird. *Intuition* ist das in dem rein Geistigen verlaufende bewußte Erleben eines rein geistigen Inhaltes. Nur durch eine Intuition kann die Wesenheit des Denkens erfaßt werden« (12).

Im Gegensatz zu dem, was im 5. Kapitel der »Philosophie der Freiheit« über die Intuition gesagt wurde, ist sie hier als ein »im rein Geistigen verlaufendes Erleben eines rein geistigen Inhaltes« charakterisiert. Damit bekommt die Forderung, das gegenwärtige Denken zu erleben, eine konkretere Gestalt: es ist das Erleben des Intuitionsvorganges, von dem wir gewöhnlich nur das Ergebnis ins Bewußtsein bekommen.

Intuition bedeutet aber, von innen her, in einer Identität, nicht »gegenüberstehend« anwesend zu sein. Dieses Verstehen von innen her ist klar zu erfassen bei der Intuition des Ich, wie auch bei jedem ursprünglichen Intuitionserlebnis. In krassem Gegensatz scheinbar zu dem aus dem 3. Kapitel Zitierten beschreibt Rudolf Steiner diese Erfahrung im zweiten Zusatz zum Kapitel »Die Konsequenzen des Monismus«: »Denn, wenn auch *einerseits* das intuitiv erlebte Denken ein im Menschengeiste sich vollziehender tätiger Vorgang ist, so ist es *andererseits* zugleich eine geistige, ohne sinnliches Organ erfaßte Wahrnehmung. Es ist eine Wahrnehmung, in der der Wahrnehmende selbst tätig ist, und es ist eine Selbstbetätigung, die zugleich wahrgenommen wird. Im intuitiv erlebten Denken ist der Mensch in eine geistige Welt auch als Wahrnehmender versetzt« (13). Der Gegensatz zur Feststellung, es vertrügen sich »tätiges Hervorbringen und beschauliches Gegenüberstellen« nicht, könnte

nicht entschiedener sein. In Wirklichkeit liegt überhaupt kein Widerspruch vor, denn das intuitive Erleben ist in der Tat kein »beschauliches Gegenüberstehen«, auch kein »Beobachten« im gewöhnlichen Sinne, sondern Anwesenheit, *Gegenwärtigkeit* bei der Betätigung, unmittelbares Erfahren von innen her. Diese Anwesenheit, Gegenwärtigkeit *bei* der Betätigung wird in jeglicher Kunsttätigkeit geübt. Der Sänger wartet ja nicht mit der Beobachtung und Beurteilung des Gesungenen, bis es schon verklungen, vergangen ist; es wäre dann längst schon zu spät, zu bemerken, daß es falsch war. Er »hört« es in der Gegenwart, ja, noch bevor es erklingt, von innen her. (Deshalb sagt man mit Recht von einem, der nicht singen kann, er habe kein Gehör, obwohl er doch offensichtlich nicht mit dem Gehör singt.) Gegenwärtig sein, anwesend sein *im* Erkenntnisakt – und nicht nur Aufwachen am Gedachten – bedeutet, die Intuition zu erleben, nicht nur ihr Ergebnis. Dieses Durchleuchtetsein des Erkenntnisaktes selbst, das Nicht-Vergessen des Erkennens hinter dem Erkannten, das Nicht-Verborgenbleiben der Erkenntnisquelle, ist zugleich die Erfahrung des lebendigen Denkens und des wahren Ich, das allein zu dieser Erfahrung fähig ist.
Das Ego-Bewußtsein, das Alltags-Ich, lebt aus des Denkens Gnaden, es braucht das Schon-Gedachte (Schon-Wahrgenommene), um als Bewußtsein überhaupt zu bestehen, es stützt sich auf das Vorgestellte, Erinnerte, Gedachte, Wahrgenommene.
Das wahre »Ich bin« braucht keine Stützen, keine Begründung (ich denke, also...), *wer* sollte es denn begründen? Es ist selber der Grund aller Begründungen, Beweise und Stützen.

Das Geistselbst

Für das gewöhnliche Bewußtsein ist das Denken eine Erscheinung, deren Quellen und Herkunft *vor* dem denkenden Bewußtsein liegen. Um das Denken zu erkennen, muß man erst das Denken produzieren. Der Mensch kann aber denken, ohne es *bewußt* (denkend) vorher zu lernen. Die Logik ist eine a posteriori beschreibende (nicht normgebende) Wissenschaft, die beschreibt, wie ich denke. Ich könnte die Logik weder produzieren noch verstehen, ohne daß ich im voraus schon logisch denken könnte. So einleuchtend dies ist, wird es immer von den Logikern vergessen. »Der Mensch bestimmt nicht im voraus, was für Zusammenhänge sich ergeben werden zwischen seinen Gedanken – diese Bestimmung wäre selbst schon eine Gedankenreihe –, er bietet nur den Ort, wo die Verbindung zwischen ihnen stattfinden kann, gemäß ihrem Inhalt, der ihre Essenz immanent enthält« (14).

Woher und wodurch kommen aber die gedachten Gedanken des gewöhnlichen Bewußtseins? Diese Frage wird beantwortet durch das ganze Werk von Rudolf Steiner. In elementarer Form findet man die Antwort in seiner »Theosophie«.

Das Organ für die gedanklichen Intuitionen ist der Wesenskern des Menschen, Geistselbst genannt. »In dem gleichen Sinne, wie die Offenbarung des Körperlichen *Empfindung* heißt, sei die Offenbarung des Geistigen *Intuition* genannt. Der einfachste Gedanke enthält schon Intuition, denn man kann ihn nicht mit Händen tasten, nicht mit Augen sehen: man muß seine Offenbarung aus dem Geiste durch das Ich empfangen.«

»... Wie ohne das Auge keine Farbenempfindungen da wären, so ohne das höhere Denken des Geistselbst keine Intuitionen. Und sowenig die Empfindung die Pflanze schafft, an der die Farbe erscheint, sowenig schafft die Intuition das Geistige, von welchem sie vielmehr nur Kunde gibt« (15).

»Höheres Denken« bedeutet Leben im lebendigen kosmischen Denken, an welchem die Intuition (wörtlich: inneres Da-Sein) teilhaben läßt. Allerdings wird diese Teilhabe in der Spiegelung des gewöhnlichen Bewußtseins ein totes und deshalb kein treues Spiegelbild der lebendigen Idee.

Daß es sich bei dem Erleben der Intuition um eine über-rationale Bewußtseinsstufe handelt, zeigt folgende Bemerkung: »Und niemand sollte eigentlich diese auf das erlebte Denken gebaute Weltanschauung mit einem bloßen Rationalismus verwechseln« (16).

Es handelt sich also nicht um ein Denken über das Denken. Dieses

kann bloß ein Schritt sein in die Richtung der Metamorphose des Bewußtseins: zu einem Gegenwartsbewußtsein, aus einem Vergangenheitsbewußtsein (17).
Man kann sich nun die Frage stellen, warum im 3. Kapitel der »Philosophie der Freiheit« so eindringlich die Unmöglichkeit der Beobachtung des gegenwärtigen Denkens behauptet, andererseits in der zweiten Hälfte des Werkes das Erleben des Denkvorganges vorausgesetzt wird? Die Antwort liegt ja in den obigen Gedanken, daß das Erfahren des Denkens keine gewöhnliche Beobachtung von außen ist, sondern innere Erfahrung, eine Intuition in ihrem Werden erlebt. Das Unterscheiden hat pädagogischen Wert. Es geht um das Betonen: für die *Seele,* sei sie auch die »höchste Äußerung« des Ich – Bewußtseinsseele –, ist es nicht möglich, das Geistige zu *erleben,* sie kann bloß sein im besten Falle unverzerrtes Spiegelbild sehen. Denn nur der *Geist* kann den Geist *erfahren,* der Finger, der auf den Mond zeigt, ist nicht der Mond. Der Mensch muß sich zum Geistselbst erheben, zu seinem Wesenskern, zu seinem höheren Ich, um das Hereinspielen der Geistigkeit in das Alltagsbewußtsein, um den Quell seiner gedachten Gedanken, das lebendige Denken zu erkennen. Er muß seine potentielle Identität mit dem »Organ« der Intuitionen – des höheren Denkens – wenigstens für Augenblicke bewußt verwirklichen. So kann er erfahren, was ihm durch dieses Organ sonst vor-bewußt zukommt. Dieses aber, das Verschleiertsein und doch durch ungezwungenes inneres Tun Erreichbarsein ist das Geheimnis seiner möglichen Freiheit.

Das Grunderlebnis des Geistes

Wenn Betrachtungen über allgemeine menschliche Interessen, über den Sinn des menschlichen Lebens und des Weltprozesses oder über die Entwicklungsbedürfnisse der Menschheit und einzelner menschlicher Individualitäten angestellt werden sollen, so muß und kann nur von dem Standpunkte und Gesichtspunkte des heutigen Durchschnittsmenschen ausgegangen und alles Sagenswerte in die Sprache des Alltagsmenschen gefaßt werden. Sonst besteht keine Möglichkeit für den Alltagsmenschen, dem Gesagten nahezukommen und es zu verfolgen. Andererseits sind wir ja mehr oder weniger alle Alltagsmenschen.

In diesem Sinne kann sogleich festgestellt werden, daß, wenn man eine minimale Besonnenheit oder erkenntnistheoretische Selbstbesinnung übt, man gewiß auf eine Grundwahrheit stößt, die bündig in dem Satz zusammengefaßt werden kann:

Alle unsere Erkenntnisse und Kenntnisse ergeben sich uns aus unserer und durch unsere Denktätigkeit und können auch einzig in der Form von Gedanken erhalten, ausgedrückt und mitgeteilt werden.

Man könnte dem vielleicht entgegenhalten, daß ja eine »einfache« Wahrnehmung auch Kenntnisse liefern kann und in diesem Falle keine Denktätigkeit bei ihrem Zustandekommen mitspielt. Doch eine nur wenig tiefergehende Beobachtung zeigt, daß in jedem Wahrnehmungsprozeß der vorgestellte Wahrnehmungsinhalt nur durch ein, allerdings unbeobachtetes, Denken entsteht: ohne gedankliche Bestimmungen, die rasch und leicht und deshalb unbemerkt verlaufen, würde man einfach gar nichts Bestimmtes wahrnehmen können.

Wer den Inhalt seines Bewußtseins beobachtet, kann bemerken, daß dieser überhaupt nur aus Elementen besteht, die entweder rein

begrifflicher Natur oder doch mit Begriffselementen verbunden sind. Das menschliche Bewußtsein ist ein Gedankenbewußtsein.
Daß das oben Gesagte für die sinnliche Erkenntnis gültig ist, leuchtet unmittelbar ein. Wie steht es aber mit Erkenntnissen, die nicht auf Sinnesobjekte abzielen? Was geschieht mit dem Denken im Streben nach einem übersinnlichen Erkennen?
Die Ohnmacht des gegenständlichen Denkens im Ergreifen übersinnlicher Wirklichkeiten ist als geschichtliche Menschheitserfahrung offenbar. Von den Scholastikern über Kant bis hin zum Erscheinen der ersten erkenntnistheoretischen Werke Rudolf Steiners tat sich eine immer breiter werdende Kluft zwischen Sinneswelt und Geisteswelt, zwischen einem bloß auf die Sinneswelt gerichteten Erkennen und einem auf die übersinnliche Wirklichkeit zielenden Glauben auf. Der deutsche Idealismus, auch Baader und Stirner, vermochten diese Kluft nicht zu überbrücken. Es kann als Tatsache festgestellt werden, daß das menschliche Denken, so wie es sich entwickelt hat, nicht imstande ist, in die Regionen des Übersinnlichen einzudringen.
Daß das Erkennen der Sinneswelt in der Form, in der es heute gegeben ist, der Menschheit nicht genügt, kann durch vieles bezeugt und bewiesen werden. Man denke nur an die globalen Gefahren, an die Gefährdung der gesamten Menschheit und an die Lebensangst des Einzelnen. Doch muß sich die Frage, ob sein Erkennen genügt, jeder selbst stellen, und sie muß in jedem Fall vom Einzelnen selbst beantwortet werden. Man könnte auch sagen: wer sie sich stellt, hat sie schon beantwortet. – Dies gilt auch für die Möglichkeit, das Gebiet des Übersinnlichen etwas anderem als dem Erkennen zu überlassen. Das möge jeder tun, der es vermag. Alles hier Gesagte gilt für denjenigen, für den es sich eben herausstellt, daß er das nicht tun kann. – Vielleicht könnte auch darauf hingewiesen werden, daß das Erkennen der Sinneswelt *selbst* sehr unvollständig ist, trotz des technischen Fortschrittes. Die Erscheinungen des Lebens entziehen sich der Erkenntnis völlig, und grundlegende Begriffe der Physik wie Masse, Kraft, Energie, Kräftefeld harren noch einer klaren, begrifflichen Deutung.

So sieht sich der moderne Mensch einfach genötigt, seine Erkenntnisfähigkeiten überhaupt zu steigern – ein Unterfangen, das in bewußter und selbstentschlossener Form geschichtlich zum erstenmal unternommen würde. Die Entwicklung der Erkenntnisfähigkeiten geschah bis zur Gegenwart ohne den bewußten Entschluß des Menschen, wie aus natürlichem Wachstum.

Die angestrebte Art von Erkenntnis kann uns dabei nicht weniger klar bewußt sein als das Denken: ein Mehr, nicht ein Weniger, – eine Steigerung der Klarheit, nicht Rückkehr zu einer mehr träumenden Bewußtseinsform.

Wie kann der Mensch sich verändern? Wo kann er sein Wesen in die Hand nehmen, um sich weiterzubringen?

Alles, was in das menschliche Bewußtsein hineingelangt, ist ein Fertiges, Gewordenes, ein Endprodukt, die letzte Phase des Vorganges, durch den es entstand. So ist es mit den Wahrnehmungen der Sinneswelt und auch mit den Wahrnehmungen der inneren Welt, mit den Erscheinungen des Gefühlslebens und Willenslebens. Ja, wenn wir ganz genau unser Begriffsleben betrachten, bemerken wir, daß gewöhnlich auch die Gedanken und Begriffe erst bewußt werden, wenn sie fertig, wenn sie schon kristallisiert sind. Doch besteht ein grundlegender Unterschied zwischen allen anderen Bewußtseinsinhalten und den Gedanken. Während alles andere mir wie von außen gegeben ist, ohne mein Zutun, fühle ich mich als Hervorbringer meiner Gedanken. In meiner Gedankenwelt fühle ich mich gewissermaßen frei in meiner Aktivität. Ich kann an einem auftauchenden Gefühl oder Willensimpuls nichts mehr ändern, kann höchstens ihre Ausdrucksweise lenken. Und an ihrem Zustandekommen habe ich keinen Anteil: Ich kann nicht fühlen, was ich will. Mit dem Denken steht es anders. Ich kann es völlig überschauen; der Inhalt des Denkens ist mir ganz durchsichtig, lichtvoll, während alles andere demgegenüber eine finstere, undurchsichtige Seite hat. Alles andere verstehe ich mit Hilfe des Denkens. Das Denken ist das Element des Verstehens.

In diesem Element fühle ich mich zu Hause. Wenn ich sage: »ich denke«, so ist dies grundverschieden von anderen Aussagen, wie z.B.

von der: »ich spaziere« oder: »ich esse«. Denn wenn ich irgend etwas anderes tue, kann ich dieses Tun mit meinem Denken verfolgen; ich weiß zugleich, daß *ich* etwas tue. Während des Denkens aber ist das zunächst nicht möglich. Es gehört allerdings auch eine gewisse Übung, Kultur oder ein bestimmtes Alter dazu, daß man während eines Gefühlserlebnisses seiner selbst bewußt wird, d. h. sein Denken aufrecht erhält. Während des Denkens aber ist man mit diesem völlig eins, identisch, wie der naive Mensch mit Freuden, Schmerzen ganz eins ist. Das heißt aber; bei Gefühlserlebnissen ist der moderne Mensch mehr oder weniger anwesend als bewußtes Subjekt; beim Denken ist er das viel weniger; er ist mit diesem identisch. Es gab eine Zeit in der Geschichte der Menschheit, wo der Mensch mit seinem Gefühlsleben eins war; die Gedanken fühlte er wie von außen kommend.

Es ist aus alldem klar, daß der heutige Mensch im Denken seinem Zentrum am nächsten ist; daher die durchsichtige Klarheit dieses Denkens. Das läßt auch auf die Natur dieses Zentrums ein Licht fallen: es muß gleicher Art sein wie das Denken.

Alles, was an mich herantritt, ist fertig, geworden, tot, da mein Bewußtsein nur solches auffassen kann. Ich nehme nichts Lebendiges wahr, nicht wahrnehmbar ist mir das Leben. Daß die Blume lebt, ist keine Wahrnehmung, ist ein Urteil, eine Folgerung. Künstliche Blumen, Pflanzen, Obst aus Wachs oder Papier kann ich von lebendigen nicht unterscheiden, wenn sie geschickt gemacht sind. Ebenso müßte ein mechanisch bewegtes Tiergebilde untersucht werden, um festzustellen, daß es nicht lebendig ist. Noch viel weniger kann ich ein lebendes Samenkorn von einem unlebendigen unterscheiden.

Ich stehe allen Erscheinungen gegenüber, befinde mich außerhalb ihrer. Sie sind für mich Gegenstand, deshalb nenne ich mein Bewußtsein ein gegenständliches. – So ist es mit dem Denken nicht. Dieses kommt ohne mein Zutun nicht zustande. Ich fühle, wie ich hinter meinem Denken unmittelbar als Subjekt stehe. Da bin ich nicht draußen, das Denken ist mir kein Gegenüber. Alles andere erleide ich. Dem Denken bin ich Quelle.

An diesem Punkte entstehen für mich zwei Fragen. 1. Wer bin ich eigentlich, der ich mich als Subjekt des Denkens fühle und bezeichne? 2. Könnte ich auch auf mein Denken so schauen, wie ich auf mein Gefühlsleben schauen kann? Dann müßte ja mein Ich-Gefühl sich auch von dem Denken losringen, sich aus der Identifizierung mit diesem lösen. Worin würde dann dieses Ich-Gefühl bestehen? – Ich verfolge nun die erste Frage.

Der Mensch lebt, wirkt, denkt (bewußt, ausgesprochen oder bloß stillschweigend) so, als ob er sagen würde: Ich bin Körper. Ich bin Seele, Empfindung, Tun und Denken.

Wenn der Mensch so spricht, wenn der Mensch so empfindet, lebt er im Widerspruch. Denn ich kann nur Ich sein, nicht derjenige, der sich als all dieses fühlt, sondern derjenige, der dies alles, diese Feststellungen denkt, erkennt, sagt. Ich kann nicht auf etwas außer mir, sei es Geist, Körper, Seele, hinweisen und sagen: Das bin ich. Denn ich kann nur sein, der dies sagt. – Indem ich so spreche, spreche ich einen Widerspruch aus und lebe in diesem. Das tue ich aber als moderner Mensch, wissend oder unwissend. Ich habe kein Erlebnis von meinem innersten Wesen. Dieses Wesen ist sich seiner selbst nicht bewußt, es hält sich für etwas anderes, für Körper, für Seele, nur nicht für ein Ich. Denn mein aktuelles Ego kann sich gar nicht vorstellen, daß es etwas geben könne, ohne daß es als ein für mich aktuell Wahrnehmbares erschiene. Alles aber, was ich auf diese Weise für mein Wesen halte, sind Dinge, Nicht-Ich, sind das andere. Ich identifiziere mich mit ihnen. Sie dienen dazu, daß das Subjekt sich mit ihnen identifiziere und dadurch sich als Objekt erkenne, da es sich anders zunächst nicht schauen, nicht erkennen kann. Das Subjekt bedarf zunächst eines Spiegels, um sich sehen zu können. Es schaut sich in diesem Spiegel, sieht das Bild und sagt: Das bin ich. Die Hüllen des Wesens, Körper, Seele, Denken, sie sind solche Spiegelbilder. Ich halte mich für das Bild, solange ich den Widerspruch dieser Ansicht nicht erlebe.

Das Leiden, das aus diesem Widerspruch stammt, belehrt mich früher oder später. Dann erkenne ich, daß ich nicht das Spiegelbild bin, sondern derjenige, der das Spiegelbild sieht, derjenige, der sich im Spiegel erkennt, ja, daß ich derjenige bin, der sich selbst in den Widerspruch versetzt und sich selbst für das Spiegelbild hält.

Daß ich zu diesem Vorgang keinen wirklichen Spiegel brauche, rührt davon her, daß ich die Spiegel schon an mir selber als Hüllen vorfinde. Würde mein Körper bloß aus einem einzigen Auge bestehen, so könnte ich »mich« (das vermeintliche »mich«) nicht ohne wirklichen Spiegel sehen. Um zu einem Selbstbewußtsein zu kommen, würde ich dann wirklich einen Spiegel brauchen. In diesem würde ich mich erkennen als das Bild. Besonders wenn ein Dämon mir den Spiegel immerfort vorhielte: das würde mich überzeugen, daß ich das Bild bin. – Unser dauernder Spiegel ist aber unser Körper, unsere Seele, die wir immer mit uns tragen. Ich empfinde mich darin: das ist mein Selbst. Ich lebe danach, weil ich mich gemäß meiner Erziehung, gemäß dem Entwicklungsgrad der heutigen Menschheit mit diesen Hüllen identifiziere. Sie gehören ja viel inniger zu mir als ein äußerer Spiegel.

Ich bin Körper, ich bin Seele: das sind Gedanken. Solange ich solchen Gedanken gemäß lebe, ohne sie in mir bewußt zu fassen und auszusprechen, lebe ich ohne offenbaren Widerspruch. Ich bin wirklich Seele, bin wirklich Körper. Sobald das aber in mir gedacht und ausgesprochen wird, wird in mir der Widerspruch geboren, manifest. Und dieser offenbare Widerspruch schickt mich auf die Suche.

Ich suche das wahre Subjekt. Eine erste Beobachtung auf dem Wege ist: Ich kann in Wahrheit kein Körper sein, denn der Körper spricht nicht, denkt nicht, kann nicht sagen: Ich bin. – Ich kann nicht Seele sein oder Gefühlsleben, denn die Gefühle kommen und gehen, und sie selber können ebensowenig wie der Körper aussprechen: Ich bin. Ebensowenig kann eine Wahrnehmung sprechen oder denken oder von selbst ein Gedanke werden, d.h. sich in das Bewußtsein heben. – *Ich* bin es, der die Wahrnehmungen zu Gedanken macht und so in das Bewußtsein hebt.

Ich bin nicht Körper, sondern derjenige, der diese Identität denkt, ich bin nicht das Spiegelbild, sondern der es sieht.

Das Auge ist zum Sehen notwendig. Doch nicht das Auge sieht. Ich bin es, der sieht, was das Auge vermittelt. Das Auge ist ein fast rein optischer Apparat, Linse und Dunkelkammer, die ein Bild, ein umgekehrtes Bild liefern. Doch muß dieses Bild in der Dunkelkammer von jemandem gesehen werden.

Das reine Denken belehrt mich also, daß ich hinter allen meinen Tätigkeiten mein Ich finde, als Subjekt der Tätigkeit. Ich kann aber auf nichts hinweisen, das »Ich« wäre, nichts zeigen, das ich selber wäre. Denn alles Aufzeigbare wäre etwas außer mir – auch wenn ich auf etwas Nichtsinnliches hinweisen würde. Das Ich, das Zentrum, ist unaufweisbar, ist unsichtbar im höheren Sinne. Es ist nicht zu sehen, es ist nichts Gesehenes, weil es das Sehende ist. Nur das Ich selbst kann sehen.

Ich bin nicht Körper, ich bin nicht Gefühl. Das Denken steht mir am nächsten, denn ich bringe es irgendwie hervor, und es ist »durchsichtig« für mich (und für andere denkende Wesen). Indem ich aber auf die Gedanken blicke, sind diese vor mir, stehen mir gegenüber, und was ich an ihnen zunächst beobachten kann, ist fertig, ist tot, ist Vergangenes, wie alles Wahrgenommene. Also ist es Nicht-Ich. Denn ich muß mich doch als hinter allen meinen Tätigkeiten stehendes Subjekt, als dauernd Anwesendes, als fortwährend Gegenwärtiges erkennen.

So scheide ich durch reines Denken, durch beobachtendes Denken, Inhalt nach Inhalt aus meinem wirklichen Ich aus. Hülle nach Hülle lege ich ab. Und was bleibt, ist ein Nichts: Ich kann meinem Ich zunächst keinen Inhalt geben, keinen Inhalt im Ich finden; denn alles scheint außer meinem Ich zu sein. Das einzige, was ich von ihm sagen kann, ist, daß es *ist.* Es ist das wahre Subjekt, der punktförmige Quell meiner Taten und besonders meiner Gedanken. Dieser Quell kann aber von sich selbst zunächst nur sagen: Ich bin.

Das große Spektrum der Welt, in dem ich bisher lebte, zieht sich in diesen einzigen, ausdehnungslosen Punkt, der ich bin, zusammen. Dieser hat kein Volumen, keinen Inhalt, außer sich. So erfahre ich, daß ich von meinem wahren Subjekt nichts wissen kann durch reines Denken, nichts von meinem Zentrum erlebe außer dem einen: daß es ist. Dieser seiende Punkt ist die Quelle meines Seins und meines Bewußtseins. Dieses Nichts ist mein lebendiger Kern. Vielleicht kann dieser Same aufsprießen. Vielleicht können die Strahlen des Weltenspektrums, die sich in diesem Samen zusammenziehen und kreuzen, irgendwo und irgendwie, gewiß nicht durch reines Denken, aus diesem Zentrum wieder hervorbrechen, auf der anderen Seite des Raumes, im Weltinnenraum. –

Nachdem ich mir durch reines Denken klar gemacht habe, daß mein gewöhnliches Ich-Gefühl eigentlich nicht rechtmäßig, man könnte auch sagen, eine Täuschung ist und ich rechtmäßig nur einen Punkt als mein Zentrum finden kann, wovon ich nichts weiß, wofür ich keinen Inhalt finden kann, wende ich mich nun der Aufgabe zu, für dieses Zentrum doch einen Inhalt zu finden. Im Auffinden dieses Zentrums durch das reine Denken bin ich nicht in diesem Zentrum. Ich weiß bloß, daß dieses Zentrum ist. Nun möchte ich es selbst aufsuchen. Bis jetzt fühle ich mich als Körper, als Seele, als Gedanke; nun möchte ich mich als reines Ich erfahren, nicht bloß wissen darüber. Mit dem bloßen Wissen darüber bleibe ich derselbe, der ich war.

Hinter allen meinen Tätigkeiten steht mein Zentrum. Diese Tätigkeiten beobachte ich mit Hilfe des Denkens, das mir, das auch diesem Zentrum am nächsten liegt; deshalb ist es ja für dieses Zentrum so durchsichtig. Alles andere kann ich mit dem Denken beobachten, außer das Denken selbst. Wenn mein Denken etwas anderes beobachtet, bin ich mit diesem Denken identisch. Oder ich fühle es so.

Eines sind die Gedanken, die Begriffe, die von mir geformt, geschaffen, fertiggestellt werden; ein anderes der Vorgang, die Kraft, wodurch die Gedanken, Begriffe und Ideen in mir zustande kommen. Das gewöhnliche Bewußtsein lebt in den Gedanken, Begriffen und Ideen, aber der Vorgang, wodurch diese erscheinen, ist dem Bewußtsein ebenso unklar und unbewußt wie das Werden anderer Inhalte. Da wir doch im Denken diejenige Tätigkeit gefunden haben, in welcher wir uns mit größtem Recht als Urheber derselben betrachten können, liegt es auf der Hand, daß wir nun nicht bloß das Endprodukt, sondern das Werden, den Vorgang, der zum Produkt führt, selbst zu beobachten trachten. Von den Begriffen und Ideen wenden wir uns zu der Kraft, die sie hervorbringt, und zum Prozeß des Hervorbringens. Unser Zentrum ist dauernde Gegenwart. In unserem Bewußtsein dagegen erscheint nur immer Vergangenes, Totes. Mit dem Beobachten des Denkvorganges nähern wir uns jedoch einem Gegenwärtigen, d.h. Lebendigen.

Es ist klar, daß wir mit dem Beobachten des Denkens auch die früher erwähnte zweite Aufgabe berühren, diejenige nämlich, unsere Identität mit dem Denken zu lösen und dadurch das Zentrum, das sich zunächst auf das Denken stützt und sich im Denken erlebt, auf sich selbst zu stellen. Dieses Zentrum erhebt sich zum Subjekt auch des Denkens.

Dieser Schritt zum Beobachten des Denkens selbst aber erschüttert die Grundlagen unseres Bewußtseins. Denn etwas beobachten, mit dem man sich zunächst identisch weiß, heißt diese Identität lösen. Ja, indem man sich überhaupt als etwas anderes ansieht oder fühlt als das zu beobachtende Objekt, ist schon das Wichtigste zu diesem Schritt geschehen. Man würde ja bei völliger Identität die Möglichkeit einer Loslösung von jener Grundlage gar nicht bemerken; es könnte eine solche Idee gar nicht aufkommen. Dies ist die Bewußtseinsform des Alltagslebens: entweder stehen wir völlig außerhalb des Geschehens, dann können wir es als bloße Zuschauer gut beobachten; oder wir gehen im Geschehen ganz unter, dann reißt uns der Weltstrom mit, wir sind das Geschehen, wir werden selbst Freude oder Schmerz und beobachten nicht. Einmal sind wir teilnahmslose, abstrakte Zuschauer, das andere Mal naive, naturhafte Erlebende der Ereignisse.

Das Beobachten des eigenen Denkens bildet, so gesehen, bedeutende Schwierigkeiten. Zunächst können wir das Denken nur nachträglich beobachten, d.h. das vergangene Denken, also dessen Spuren, die hervorgebrachten Gedanken. Es scheint zunächst aussichtslos, Hervorbringen und Betrachten zu gleicher Zeit vorzunehmen, umsomehr, da in diesem Falle das Mittel der Beobachtung dasselbe wäre wie das Objekt derselben, nämlich das Denken. Weiterhin müßte auch das Subjekt beider Tätigkeiten dasselbe sein. Es sei die Möglichkeit einer Aktivität und ihres gleichzeitigen Verfolgens durch Beobachtung mit einem Gleichnis umschrieben: Wenn wir im Theater einem Drama beiwohnen, das uns tief ergreift, uns im Innersten berührt, so sind wir in einer Situation, die keiner der oben angeführten extremen Verhaltensweisen entspricht. Wir sind zwar bloß Zuschauer, doch sind wir eben keineswegs unbeteiligt, sonst könnte ja keine Wirkung (etwa die kathartische Wirkung) eintreten. Andererseits, obwohl keineswegs außenstehende Zuschauer, tauchen wir im dramatischen Geschehen doch nicht ganz unter: wir bleiben immerfort Zuschauer. Das Geschehen, das auf den miterlebenden Zuschauer eine vielleicht reinigende Wirkung ausübt, würde ganz anders auf ihn wirken, wenn er es wirklich erleben müßte. Die Bretter nehmen die Schwere des Erlebnisses auf sich, die das Subjekt im Leben selber tragen müßte; so bleibt ihm die Kraft, im Geschehen noch seiner eigenen Wesenheit bewußt zu bleiben. So ist er Zuschauer und gewissermaßen auch Erlebender zugleich. Ist die kathartische Wirkung nicht eben dieser Situation zu verdanken? Wenn man dieser Eigentümlichkeit des Theaters weiter nachgeht, kommt man zur Philosophie und zu tieferem Verstehen künstlerischer Tätigkeit überhaupt.

Zuschauer und Erlebender zugleich zu sein ist im Theater sozusagen gegeben und durch äußere Einrichtung erleichtert. Beim Beobachten des Denkvorganges ist die Forderung schwieriger, denn man soll hier nicht nur Erlebender, sondern Zuschauer und Hervorbringer zugleich sein.

Es soll hier auf die Technik der Beobachtung des Denkens nicht eingegangen werden. Bloß die wichtigsten Züge und Ergebnisse einer solchen Übung werden angeführt.

Das Beobachten des Denkens geschieht durch kein anderes Organ als das Denken selbst. Es muß das Denken so stark und so selbständig werden, daß es für das Subjekt mit einem Realitätscharakter auftritt wie sonst eine äußere Wahrnehmung. Das wird durch Konzentrationsübungen erreicht, – sofern dies nötig ist (und bei der Mehrzahl der modernen Menschen ist es nötig). Am Ende der Konzentration steht immer eine reine Idee, die also keinen unmittelbaren Bezug zur Wahrnehmungswelt hat. Je reiner (im philosophischen Sinne), je entmaterialisierter diese Idee wird, desto durchsichtiger, durchschaubarer wird sie für das Subjekt, desto weniger Wahrnehmungselemente trägt sie. Die letzteren sind es, die den Denkprozeß vor dem Denken selbst verdecken; sie stehen vor dem Denken wie undurchdringliche Flächen, obwohl sie von dem Denken selbst aufgestellt werden, von einem Denken allerdings, das sich an der (sinnlichen) Wahrnehmungswelt ausdrückt; ist doch die Undurchdringlichkeit ein Grundgesetz der sinnlichen, materiellen Welt. Ein Gedanke (also ein Geistiges) ist durchdringbar für das Denken. Die Durchsichtigkeit der reinen Idee ist es, die den Prozeß der Ideenbildung eben *nicht* verdeckt und dadurch den Vorgang selbst für das Subjekt zugänglich und beobachtbar sein läßt.

Es ist dieser Beobachtungsvorgang von zwei Gesichtspunkten aus grundlegend. Erstens wird durch solche oft langdauernde Bemühungen ein *Subjekt* gebildet, das sich mit dem Denken nicht identifiziert, also nicht im Denken untergeht, sich nicht auf das Denken stützen muß, um zu sein, um von sich zu wissen. Da es das Denken zu beobachten weiß, ist es von diesem unabhängig und hat so seine letzte Krücke, seine letzte Hülle abgelegt: Es stützt sich auf nichts, es *ist*. Es ist ein Wesendes an sich und für sich, ein Wesen. Es ist ein Ich, das unabhängig vom Körper, von der Seele, von dem Denken von sich weiß und deshalb auch von diesen unabhängig *ist*. Denn das Denken ist noch ein Äußeres für dieses Ich. Dieses ist nichts außer sich: Es ist ein absolut Seiendes, ein Urwesen, ein Geistwesen, das seinen Sinn aus sich selbst schöpft. Weil es aber ein lebendiges Geistwesen (d.h. für sich selbst ganz durchsichtig) ist, vermag es die tote, gefrorene Geistigkeit: die Gedanken, Begriffe, Ideen hervorzubringen. Geist ist Element des Verstehens, der Durchsichtigkeit. Versteinerte Geistigkeit sind die gewordenen Gedanken. Der lebendige Geist, das Ich, bringt diese hervor, es ist der Quell und das Tor, durch das die Gedanken ausfließen und gerinnen. So begeht im Beobachten des Denkens unser Ich die *Urtat des Geistes:* Es erkennt sich selbst, und dadurch erschafft es sich selbst. Es erkennt sich als Geist, der durch sich ein bewußter ist; denn es gibt keinen unbewußten Geist. Schlafender (unbewußter) Geist, also Nicht-Geist, ist die Natur, sind auch wir selbst, solange unser Zentrum noch nicht aufleuchtet. Mit dem Aufleuchten des Zentralpunktes im Kreis der seelischen Vorgänge entsteht der erste Keim unseres höheren, d.h. wahren Ich. Sein verzerrtes Spiegelbild ist unser Alltags-Ich, unser Ego. Was bei diesem Blitz in Erscheinung tritt, braucht keinen Spiegel, um sich zu erkennen, um von sich zu wissen: Es ist das geistige Selbst, das Geistselbst.

Der zweite Gesichtspunkt, der den grundlegenden Charakter dieses Geschehnisses bezeichnet, liegt darin, daß man bei der Beobachtung des Denkens zum ersten Mal etwas Lebendiges wahrnimmt, das Leben selbst, nicht nur seine sinnlichen Wirkungen. Die Begriffe, die Gedanken sind tot, sind kristallinische Geistigkeit, sind Endprodukte. In der (philosophischen) Intuition erlebe ich den lebendigen, zeitlosen Blitz des Lebens, aus dem die Begriffe stammen. Diese Intuition ist auch das Urbild aller höheren Intuitionen. Das Lebendige im Denken ist nicht der Begriff, sondern die Beziehung zwischen zwei Begriffen, die noch flüssige Vorgedanklichkeit, welche die Gedanken gebiert. Es ist jene Überbegrifflichkeit, deren Lebensganzheit in einzelne Begriffe zerbricht und erstarrt.

Ich denke. – Ich weiß, daß ich gedacht habe. – Ich denke das Wissen, daß ich gedacht habe.

Diese Gedanken, dieses Nacheinander der Gedanken wird von feinen Intervallen durchbrochen. Diese trennen und verbinden, sie sind das Wesen des Denkens, indem sie die unbemerkte, unausgesprochene Zusammengehörigkeit der Begriffe, ihren verborgenen Hintergrund bilden. Ich erfahre diesen gewöhnlich nur als Aussparung, als Unausgefülltheit der Zeit oder des Kontinuums, in dem das Denken sich darlebt. Diese ausfallende Erfahrung besteht so lange, bis ich das Denken beobachten lerne. Dann tritt eben diese Stille, dieses Schweigen der Intervalle zwischen den einzelnen Begriffen als das Lebendige des Denkens vor mich: als die Gebärmutter der Gedanken.

Das Denken als Vorgang ist Leben, das ich gewöhnlich verschmähe zu sehen. Jene Kraft, die die Begriffe und Ideen im Menschen erscheinen läßt, ist die gleiche, welche das Leben Leben sein läßt. Das Ich, das wahre Zentrum des Menschen, besteht aus dieser Substanz. Es ist die geistige Ursubstanz der Welt, allen Seins (»und ohne dasselbe ist nichts gemacht«): Darin liegt der Grund, daß ich diese Welt erkennen kann, selbst mit dem gewöhnlichen Denken, das toter Schatten jenes Geistlebens ist. (»In ihm war Leben, und das Leben war das Licht der Menschen. Und das Licht scheint in der Finsternis«.)

Das Ichgefühl bestand bisher nur aus Antworten, Antworten auf Reize, Gefühle, Gedanken. Ich fühlte *mich*, insofern ich zu einer Antwort, zu einem Reagieren gereizt wurde. In der Reaktion fand sich das Ego. – Das *Ich* aber braucht nichts, um sich zu fühlen, zu erkennen. Es ist dies ein absolutes Erkennen, völliges Durchschauen (weil ohne Gegenüberstand), Urtypus des absoluten intuitiven Erkennens, worin das Subjekt im Objekt untergeht, jedoch nicht unbewußt wie im früheren Stadium der Ich-Entwicklung, sondern zugleich bewußtseinsstiftend aufgeht. Und weil das Ich nun wirklich *ist,* kann es sich völlig mitteilen, ist es der Hingabe fähig, hat es etwas, das es hingeben kann. Es kann bewußt und vollständig in dem zu Erkennenden untertauchen. Es beginnt die Möglichkeit der erkennenden Liebe. Erkenntnis und Liebe sind ein einziger Lebensstrom.

Die abstrakten Gedanken sind kalt, erwecken kein Gefühl. Sie haben sich von dem naturhaften Gefühl gereinigt; so wurden sie die Vorstufe des reinen Denkens. Die erlebten Gedanken sind zugleich Gefühlserlebnisse. Doch wird dann nicht der Gedanke aus dem und durch das Gefühl erzeugt, sondern umgekehrt: man hat Gedanken, und diese rufen aus ihrem inneren Gehalt ein Gefühl hervor. Erlebt aber wird das Denken, wenn es sich beobachten kann. Das Wahrnehmen des Denkens erlöst es von der Abstraktheit, in die es durch das Abstreifen der sinnlichen Wahrnehmungen verfiel.

Es wurde der Menschheit naturgemäß gegeben, die Welt als Objekt vor sich zu haben. Sie fühlte das Ich dem Nicht-Ich gegenübergestellt, dem Nicht-Ich, das die Welt ist. Der Mensch konnte daraus lernen, ein gewisses freies Verhältnis zum Objekt zu haben, und so wurde das erkennende Subjekt geboren. Das geschah ohne Eigeninitiative des Menschen. Er wurde dazu von seiner eigenen Natur geführt, denn alles ist im Menschen Natur, was an ihm und um ihn nicht in seinem Bewußtsein veranlaßt wird. Der Sinn des Prozesses war, ihm ein Verhältnis beizubringen, ihn eine gewisse Bewegung zu lehren gegenüber dem Objekt, ein freies Verhältnis, ein gedankliches, ein rein gedankliches Verhältnis, eine Unabhängigkeit vom Objekt, ein aktives Gegenüberstehen.

Das wahre Objekt ist aber das Denken. Es handelt sich aber nicht um ein Denken über das Denken. Das kann man auch tun, doch kommt man dadurch nicht weiter, einfach deshalb, weil man dasselbe Denken auf demselben Niveau weiterdenkt. Man kann unter Umständen das Malen malen, doch bleibt dies eben nur ein Malen. – Wovon wir reden, ist eine Beobachtung, eine Wahrnehmung, wenn auch keine sinnliche. Ohne diese blieben wir im abstrakten (weil wahrnehmungslosen) Denken stecken.

Durch das Erleben des Ich gelangen wir zum ersten geistigen Erlebnis des modernen Menschen. Ohne dieses kann man auf die Frage, was ist Geist, schwerlich oder gar nicht antworten. Denn wovon wir keine Erfahrung haben, stellen wir uns etwas nach dem Muster derjenigen Erfahrung vor, welche wir besitzen. Deshalb wird das bildlich Gesagte, das Gleichnishafte im Bericht des Geistesforschers oft mißverstanden. Solange man Geist, Seelisches, Ätherisches nur mit einem Hauch von feiner Substantialität, Zeithaftigkeit verbunden sich vorstellt, ist man fern vom Verstehen ihres wahren Wesens.

Man empfängt aus dem Erlebnis des eigenen wahren Ich – und dieses Erlebnis steht für den modernen Menschen unmittelbar vor der Bewußtwerdung – die Erfahrung von einem Seienden, das rein geistig ist, ohne irgendwelchen »Stoff«, substanzlos ist wie die Gedanken-Welt. Mit dieser Ich-Erfahrung vermeidet man es, sich jenes Geistig-Seiende, wovon der Geistesforscher spricht, räumlich, substanzhaft vorzustellen. – Andererseits aber hat man ein Erkennt-

niserlebnis, in dem man dem Objekt nicht gegenübersteht. Dieses Gegenüberstehen wurde ja durch das Erkennen innerhalb der Sinneswelt eingeübt. Es kann in der Erkenntnis des Geistes also nicht weiterbestehen. Da ist kein Gegenüberstehen, da ist nur bewußtes Sich-Hingeben, bewußte Identität, Eindringen in das Erkenntnisobjekt und gegenseitiges Sich-Durchdringen, ebenso, wie man die Gedanken eines anderen Menschen nur erkennt, wenn man sie selber durchdenkt, dadurch mit ihnen eins wird und so zu-eigen macht. Man kann Geistiges nur erkennen, wenn man mit ihm eins wird. Das Gegenüberstehen ist nur gegenüber sinnlichen (auch inneren) Erkenntnisobjekten angemessen. Wir können dem Geist nicht gegenüberstehen: er wird sogleich Ungeist. Er ist nicht außer uns; wäre er das, so wäre er Ungeist.
Es folgt daraus unmittelbar, daß auch Geisteswissenschaft kein Ding, kein Objekt, kein Wissen ist, worauf man lossteuert, um es eines Tages vielleicht zu erreichen. Wenn man dieser Ansicht ist, vergißt man, welche Rolle das eigene Denken, der eigene Geist dabei spielt. Ich, durch mein Denken, erwähle ja für mich die Geisteswissenschaft. Ich, durch mein Denken, durch mein Urteil, finde ihre Aussagen für wahr, wer sollte es sonst? Geisteswissenschaft ist oder sollte reine Aktivität sein, und zwar erlebte Aktivität. Sie ist keine »Lehre«, keine Doktrin. Sie ist eine Möglichkeit des modernen Menschen, die in seinem lebendigen Denken, seinem erweckten, erlebten Wesenskern urständet. Wer Geisteswissenschaft studiert oder übt, muß von seinem noch so feinen dialektischen Denken zum geistigen Erleben fortschreiten, sonst bleibt alles nur Wisserei, Dogma oder Glaube, der sich aber als solcher nicht erkennt und deshalb Unglaube ist: Aberglaube. Der Mensch ist kein Zuschauer im Erkennen des Geistes; er allein kann seine eigene Aktivität als Geist ent-decken. Dann kann er in dieser Aktivität die objektive Geistigkeit der Welt erleben. Die Schriften der Geistesforscher sind heute noch bei größter Publizität Geheimschriften: man muß den Schlüssel zu ihnen besitzen.
Dieser Schlüssel ergibt sich aus der beschriebenen Beobachtung des Denkens. Das ist jedenfalls ein sicherer Weg dazu. Das gewöhnliche

Denken verläuft anhand des sinnlichen Wahrnehmens. Es geht raumhaft von Begriff zu Begriff und braucht Zeit. In einer Ideen-Intuition erleben wir manchmal den außerzeitlichen, außerräumlichen Blitz des lebendigen Geistes. Und oft wird das blitzartig Vernommene lange durch das Denken verarbeitet und ausgedrückt. Dieser Blitz ist eine Probe aus der Atmosphäre jener Region, wo unser Ich zu Hause ist. Dieser Region nähern wir uns im Beobachten des Denkens.

Einst sagte der Mensch: Ich denke, also bin ich. Er fühlte sein eigenes Sein im Denken geborgen, verankert und aufgehoben. Derjenige aber, der sein Ich außerhalb, d.h. unabhängig vom Denken zu erleben vermag, was sagt er? Er braucht keine Stütze mehr, um zu sein, sein Wesen, das eigene Sein ist durch sich selber verbürgt. So darf er das Urwort aussprechen: Ich bin.

Konzentration und Kontemplation

Das letzte Ziel der Konzentration ist die Kontemplation, die Verwirklichung eines Selbstes, das die eigene Denktätigkeit erfährt, d.h. schaut, indem es sie erzeugt. Diesem Ziel kann man sich nur auf »Umwegen« nähern, weil das »Denken an sich« zunächst nicht erscheinen kann, da es an ein Thema gebunden ist, und weil das Selbst zunächst nur in seinem Spiegelbild da ist: in der Vorstellung des Ich, das mit den Hüllen identifiziert als Ego erlebt wird. Das Ego muß *etwas* denken. Es kann das aber nicht direkt tun, es kann nur um etwas *herum denken.* Das ungestört zu tun ist der erste Schritt der Übung.

Der Zeitpunkt der Übung soll einer sein, an dem man möglichst wach, nicht ermüdet, ruhig und gelassen ist. Dies ist individuell verschieden. Man soll deshalb vorsichtig versuchen, den geeigneten Zeitpunkt während des Tages- oder Wochenlaufes zu finden. Sitzend (nicht liegend), unverkrampft, die körperliche Verkrampfung bewußt lösend, sachlich, ohne »Heiligenschein um das Haupt«, mache man sich an die Übung; wie man sich z. B. auch zum Üben des Klavierspielens an den Flügel setzen sollte. (Nur dem Dilettanten ist die Kunst »heilig«. Deshalb bringt er es aus lauter Ehrfurcht vor ihr zu nichts.)

Konzentration auf einen Gegenstand

Der Gegenstand sei ein vom Menschen geschaffenes, einfaches Ding, kein Naturobjekt (z. B. Pflanze), denn dieses durchschaut man vorerst nicht. Deshalb ist auch der Gegenstand nur in seinem Geschaffensein zu denken, nicht in seiner Stofflichkeit, die Natur ist.

Der Gegenstand sei uninteressant, auch ästhetisch indifferent, löse keine Emotionen, wie z. B. Gefallen oder Mißfallen, aus. Man schaue ihn nicht an, man denke über ihn. Es ist ratsam, dabei die Augen zu schließen. Das Anschauen des Gegenstandes verhindert die Konzentration. Diese ist ausschließlich im Denken durchzuführen.

Die Gedanken umkreisen den Gegenstand: Form, Farbe, Herstellung, Funktion usw. werden gedacht. Die Vorstellung des Gegenstandes werde aus der Erinnerung gebildet und beschrieben. Das Denken soll nicht nur von ablenkenden Gedanken frei, sondern auch von sich selbst nicht gestört sein: das in der Zukunft zu Denkende soll seine Schatten nicht vorauswerfen; das einmal (gestern) Gedachte soll nicht erinnerungsmäßig wiederholt werden, denn das wäre kein Denken mehr. Das Denken verlaufe absolut in der Gegenwart, wo möglich (aber das ist fast nicht zu erreichen) durch gleichmäßiges Wollen von Augenblick zu Augenblick in gleichmäßiger Intensität. Das gestrige Denken in Erinnerungen heranzuziehen, lenkt ab, was die Übung langweilig macht und man dann nach einigen Übungstagen geneigt ist, das Thema zu wechseln. Erinnern an das einmal Gedachte ist kein Denken. Das einmal Gedachte ist ebenso Ablenkung, wenn es wiederkehrt, wie alles andere, das nicht aus dem gegenwärtig gewollten Denken stammt. – Man kann jeden Tag genau dasselbe denken, ohne zu merken, daß es dasselbe ist. Denn außer dem gegenwärtigen Denken ist alles andere vergessen, es existiert nicht.

Das Wollen soll nicht in eine Verkrampfung führen, denn in der Verkrampfung erlischt das Denken sofort. Die Verkrampfung entsteht meist durch das Abwehren der Ablenkungen. Deshalb ist es wichtig, daß man zunächst einen kurzen Gedankenzusammenhang fest konturiert denkt: »Der Löffel ist aus Silber. Er hat einen Stiel und ... Er dient zum ... Er wird durch Gießen oder Stanzen gemacht ...« Wenn Ablenkungen auftauchen, dann versuche man, ohne Abwehr, mitten durch sie hindurch, auf das Thema zu schauen. Der Kampf gegen sie würde sie erst recht in die Mitte des Bewußtseins stellen und das vorgenommene Thema verdrängen.

Die Ablenkung kann auch in einem »Schweifen der Gedanken« bestehen, wenn man zu weit vom Thema abweicht. Bemerkt man dies, mache man halt und versuche, die Assoziationsbrücken zu finden, durch die man abschweifte. Findet man sie nicht mehr, so kehre man zum Thema zurück. – Ablenkungen, störende Gedanken und Vorstellungen, können *neben* dem gewollten Gedankenverlauf auftreten. Man versuche sie zunächst nicht abzuwehren, sondern sich einfach nur dem Thema zuzuwenden. Wenn das nicht gelingt, schaue man »über die Schulter der Störung« auf das Thema. Hilft auch das nicht, so blicke man die störende Vorstellung einen Augenblick ganz genau an und wende sich dann zum Thema zurück.

Jedem ist der Einsatz individueller Techniken, der Störungen Herr zu werden, nach eigenem Ermessen freigestellt. Aber das Beste ist, unbekümmert weiterzudenken. Es macht nichts, wenn weiterhin ablenkende Vorstellungen einfallen. Mit der Zeit nehmen sie ab. (Jeder Pianist kann danebengreifen. Das ist halb so wichtig! Ein Spiel im edlen Sinne.)

Wenn man so weit ist, wird der Umkreis des Themas von selbst immer kleiner. Das Denken wird intensiver. Man braucht nicht mehr so viel »Stoff«, um beim Thema zu bleiben. Dies geschieht wie von selbst. Das Denken beginnt zu leben: Der Wille, der zuerst von außen das Denken *wollte,* lebt im Denken als Spontaneität auf und verwandelt sich in ein Wollen, das das Denken von innen heraus »rollen« läßt, indem es eins mit dem Denken wird. Von diesem Moment an steht die Übung in der Freude, unabhängig ob »es gelingt« oder nicht. Eine gestörte Übung kann sehr viel wert sein; kann sich doch die obengenannte Vereinigung des Denkens mit dem Willen in zeitlosen Augenblicken ereignen. Man *will* nach und nach nicht mehr, man tut es. Es wird zum Spiel. Man *will nicht spielen:* man *spielt.* Es entsteht eine »Seligkeit«, alles wird natürlich und ungezwungen. Diese Seligkeit aber ist nicht festzuhalten; sie ist kein bleibender Zustand, der das Bewußtsein erfüllt. Dadurch würde man wieder abgelenkt. Es existiert – und das ist das Ideal – nichts anderes als das Thema. Einzig und allein das Thema wird gedacht und nicht etwa an das Gelingen oder Nichtgelingen der

Übung. Auch die Anweisungen werden nicht gedacht. »Je mehr ich bemerke, was ich tue, desto weniger tue ich es«. – Die Konzentration bekommt eigenen Schwung.

Das Gelingen der Übung ist eigentlich nicht so wichtig wie die Übung selbst. Wenn man die »spielerische« Einstellung hat, gelingt es viel eher. Wenn die Störungen, die neben dem Denken auftreten, sehr intensiv und auf obigen Wegen nicht zu eliminieren sind, so kann man die Übung auf eine minimale Zeitdauer reduzieren, z. B. auf eine oder auch nur eine halbe Minute. Wenn es nach und nach gelingt, die Übung in voller Konzentration durchzuführen, kann die Dauer derselben erweitert werden. – Alle diese Anweisungen sind allgemein: ein jeder muß seine eigenen Anweisungen seinen Erfahrungen entnehmen.

Wenn die Ablenkungen im Abschweifen vom Thema bestehen und nicht abnehmen wollen, so mache man noch kleinere Schritte, nehme kurze Gedanken, denke einen Gedanken z. B. zweimal, aber man muß *denken* – nicht wiederholen.

Der Kreis, in dem sich das Denken um das Thema herum bewegt, wird von selbst immer kleiner, zugleich wird das Denken immer intensiver, ja langsamer. Diese Verlangsamung erfolgt in richtiger Weise dann, wenn man von dem Wort-Denken abkommt. Zunächst denkt man in Worten und in Vorstellungen. Bei der Intensivierung kommt man dazu, immer mehr *das Thema* zu denken, nicht nur die Worte und Vorstellungen. Zum Wort-Denken muß man viel Stoff haben, sonst bleibt das Denken stehen, denn das Denken dauert nur solange, als man sich die Wörter innerlich vorsagt, vorstellt. Je abstrakter diese sind, desto rascher geschieht dies. Deshalb nehme man am Anfang nichts Begriffliches (Güte, Dreieck), sondern einen bestimmten Gegenstand (Löffel, z.B. mit Monogramm) als Thema. Der Gegenstand wird beschrieben, vorgestellt und, wo es geht, innerlich gesehen, ebenso alle weiteren Gedanken, die dazugehören. Parallel zur Intensivierung fallen die Worte immer mehr weg. Das Denken wird intensiver, weil es sich auf immer weniger stützt.

Das über die erste Stufe Gesagte kann fast unbegrenzt ergänzt werden. Es ist nützlich, neue Erkenntnisse, die man während der Übung gewinnt und die sich auf deren Technik beziehen, als »Ergänzung« schriftlich festzuhalten. So kann man z. B. erfahren, daß man zunächst geneigt ist, nicht kontinuierlich, sondern intermittierend zu denken: man denkt einen »Satz« (d. h. ein Motiv), dann ruht man sich aus und denkt dann erst einen zweiten. Die Gefahr ist, daß man während des »Ausruhens« abgelenkt wird. Man muß versuchen, die Konzentration kontinuierlich auszuführen, sonst geht sie leicht über in mehr oder weniger zusammenhangslos aneinandergereihte Bilder, also in ein Nicht-Denken.

Es gibt Menschen, die mehr bildlich, in Vorstellungen, und andere, die mehr abstrakt zu denken geneigt sind. Es ist ratsam, *beide* Arten der Konzentration zu üben, z. B. täglich wechselnd, einmal mehr abstrakt, einmal mehr bildlich. Das Bildliche dient auch als Vorstufe zur Imagination, das Abstrakte (nicht Bildhafte) kommt zu seinen Rechten in der zweiten Stufe der Konzentration.

Wenn die Übung soweit gut geht, man schon Freude daran bekommen hat, sich nicht mehr langweilt und bei einer Vorstellung verharren kann, ohne viel Worte zu denken, dann kann in die zweite Hälfte oder Stufe der Übung übergegangen werden. Die erste Stufe ist aber durchaus ein Ganzes, und bei intensivem Üben kommt man eigentlich von selbst weiter.

Schauen der Idee

Die zweite Stufe der Konzentration entsteht in einem lückenlosen Übergang aus der ersten. Wenn sich nämlich die Möglichkeit ergibt, den Kreis der Gedanken zu verkleinern, dann kann man bewußt nachhelfen. Man macht aus dem Gegenstand der Konzentration eine reine Idee oder einen reinen Begriff, das heißt einen Begriff, der keine Vorstellungs- oder Wahrnehmungselemente enthält, sondern das »Gemeinsame« ist, woran und wodurch wir »erkennen«, daß alle entsprechenden individuellen Wahrnehmungsobjekte zu diesem Begriff gehören. Nehmen wir z. B. als Thema für die erste Stufe der Konzentration ein Trinkglas, dann würde die zweite Stufe damit beginnen, daß wir denkend bzw. vorstellend viele mögliche Ausführungen des Glases vor uns hinstellen, vom Kelch bis zum Likörglas etwa, um dann das Gemeinsame aller dieser einzelnen »Exemplare« zu erfassen. Nur dieses Gemeinsame nämlich gibt uns die Berechtigung, all die verschiedenen Exemplare trotz ihrer Verschiedenartigkeit doch jeweils als »Glas« zu bezeichnen. Eigentlich haben wir diesen Begriff oder diese Idee alle einmal in unserer Kindheit unbewußt erlebt. Jetzt kann dies bewußt geschehen. Diese Idee enthält keine Wahrnehmungselemente; denn die gehören den einzelnen Gläsern an.

Nun wird diese reine Idee zum Thema der Konzentration. Es ist selbstverständlich, daß sie zunächst durch Wort-Denken gebildet wird, aber als Idee ist sie kein »Wörtliches« mehr. Eher ist sie Bild, aber keines, das einer sinnlichen Wahrnehmung ähnlich wäre. Idee und Bild sind auf dieser Stufe eins, wie sie *ursprünglich* eins waren, nämlich beim ersten Hervorbringen, beim ersten Schaffen eines Glases. Als Intuition waren Begriff und Bild, Idee und Vorstellung ungeschieden. Ebenso ist es bei allen ursprünglichen, grundlegenden »Erfindungen«, auch bei den Erkenntnis-Intuitionen der Kinder und manchmal der Erwachsenen.

Die so gewonnene Idee hat als Thema der Konzentration zwei wichtige Eigenschaften. Die eine ist, daß sie für das Denken »durchsichtig« ist wie eine mathematische Formel oder eine geometrische Figur. Eine Wahrnehmungs-Vorstellung (das einzelne Glas) ist nie ganz durchschaubar für das Denken – *deshalb* ist sie Wahrnehmung und kein Begriff, keine Idee. Eine Vorstellung »verdeckt« eben deshalb den Denkprozeß. Eine reine Idee »ist« dieser Denkprozeß selbst. – Die zweite Eigenschaft dieser Idee ist, daß sie nie »fertig« wird, es fällt kein »Totes« ab. Nur indem dieses Ideenbild fortwährend produziert wird, ist es im Bewußtsein da. Die Idee existiert nur in dem Prozeß ihrer ursprünglichen Erzeugung. Ganz anders ist die Vorstellung gegeben. Diese ruft man als Erinnerungsbild in das Bewußtsein und kann sie dann betrachten. Dazu braucht man nicht die oben erwähnte intensive Aktivität, wie sie für das Hervorbringen

und Produzieren einer Idee notwendig ist. Die reine Idee ist immer ein Fließen, ein Strömen des Denkens. Sie ist ein Strömendes wie das Licht oder die Musik. Deshalb kann man sagen: das Thema und das Denken sind eins geworden. Es existiert das Thema nicht außerhalb des Denkens. Indem man sich auf das Thema konzentriert, schaut man zugleich auf die eigene Denktätigkeit.
Man soll sich durchaus nur auf das Thema konzentrieren. Der Gedanke »jetzt beobachte ich meine Denktätigkeit« darf nicht aufkommen, denn sonst ist es kein Denken des Themas mehr. Folglich wäre nichts mehr da, was man beobachten könnte. Es geht einem mit der Zeit von selbst auf, daß dieses Konzentrieren *zugleich* die Erfahrung, das Erleben des Denkvorganges ist. »Beobachtung« ist es nur in einem uneigentlichen Sinne; es ist nicht eine Beobachtung von außen her, kein Gegenüberstehen. Das Thema und das Denken selbst sind kein »Gegenstand«. Es ist ein Erleben des gegenwärtigen Denkens und zugleich die Geburt des eigenen wahren Ich oder des eigenen geistigen Selbstes: des Geistselbstes. Denn derjenige, der den eigenen Denkvorgang zu erleben, zu erfahren vermag, ist unabhängig von diesem Denkvorgang da. Dieses Bewußtsein stützt sich nicht auf das Denken, auf das Gedachte (»ich denke, also bin ich«), sondern kann neben dem Denken bestehen. Das gewöhnliche Bewußtsein (Ego, Alltags-Ich) lebt von des Denkens Gnaden; das jetzt erlangte Bewußtsein ist die *Quelle* des Denkens, das wahre Ich-bin.
In der Übung der zweiten Stufe kann man im weiteren Verlauf ein neues Thema nehmen, z. B. den reinen Begriff des Dreiecks, des Kreises. Am Anfang ist es jedoch besser, wenn man dasjenige Thema »sinnlichkeitsfrei« macht, das man der Übung der ersten Stufe zugrunde gelegt hat. Denn so kann die Kraft, mit der man die Vorstellungen und Gedanken in der ersten Stufe gebildet hat, in der zweiten metamorphosiert weiterleben.
Das Erleben des Denkens führt zur Erfahrung des sogenannten lebendigen Denkens. Das ist ein Vor-Gedankliches, eine Sphäre, aus der das Gedachte stammt. Es ist zu vergleichen mit der Flüssigkeit, die noch in gelöster Form das Feste, das Später-sich-Kristallisierende

enthält. Diese Sphäre zu erleben, wenigstens ihr nahe zu kommen, ist grundwichtig, denn sie ist die erste übersinnlich erfahrbare, die Sphäre des Ätherischen. Man durchschaut, daß diese nichts Räumliches, nichts Stofflich-Substantielles ist. Es ist ein *Sein,* das dem Bewußtsein vorher unbekannt war, ihm aber nun eine innere, absolute Sicherheit gibt. Ein erschütterndes, beglückendes Erleben, wobei man guttut, das Erschütternde und Beglückende während der Übung nicht *erleben,* nicht genießen oder auch nur bemerken zu *wollen,* sondern die Übung unentwegt weiterzuführen.

Vom Anfang der ersten Stufe bis zum Ende der zweiten Stufe ist die Aufgabe immer nur eine einzige und dieselbe: sich zu konzentrieren. Alles andere kommt eigentlich von selbst, auch die Möglichkeit der Fortsetzung über die zweite Stufe der Konzentration hinaus ergibt sich.

Es ist klar, daß die zweite Stufe gegenüber Ablenkungen und Abschweifungen noch anfälliger ist als die erste, weil in ihr das Thema nur innerhalb der eigenen Tätigkeit Bestand hat. Die Anlehnung an etwas Daseiendes hört auf. Deshalb muß das Konzentrieren, das Vermeiden der Ablenkungen in der ersten Stufe geübt und verstärkt werden.

Die zweite Stufe wirkt *indirekt* auf das ganze Seelenleben. Mit dem Geborenwerden (zum Bewußtsein-Erwachen) des wahren Selbstes nämlich wird das Ego-Gefühl immer überflüssiger. Das Gefühl wird frei. Es wird wieder erkennend. Es beginnt zu fühlen, wie das Sehen sieht. – Das Wollen ist schon in der ersten Stufe stark in die Übung miteinbezogen, jetzt erfährt es eine weitere Reinigung. Der Eigen-Wille wird überflüssig, denn das Ich braucht nichts, um sich zu behaupten: *es ist,* d. h. »Ich bin«; wogegen das Ego eigentlich nur aus dem Sich-Wollen, Sich-Fühlen heraus sein Dasein, sein Bewußtsein behauptet. Das Ich behauptet sich nicht, ja *erkennt sich nicht* (wer sollte wen erkennen?), es *ist* schlechthin. Erkennen und Sein fallen in ihm zusammen. Es ist die absolute Ruhe und zugleich die allergrößte Aktivität. Es denkt nicht, fühlt nicht, will nicht; es ist einfach da, nicht mehr, nicht weniger. Deshalb wird es das geistige Grunderlebnis genannt.

Wenn dieselbe Gebärde, Haltung, Einstellung, die in der Konzentration erreicht wurde, auf die Wahrnehmungswelt angewandt wird, kommt man zur reinen Wahrnehmung oder zu der Goetheschen *anschauenden Urteilskraft.* Das Begriffliche der Wahrnehmungswelt bekommt man durch sie über die Wahrnehmung, nicht über das Denken. Das gewöhnliche Denken schweigt. Das lebendige Denken ist aber in voller Bereitschaft, ist gegenwärtig. Es ist das kosmische (nicht-subjektive) Denken, das Wesen der Wahrnehmungswelt. Es ist die Realität der Welt (18).
Schon in der zweiten Stufe der Konzentration kommt man nach und nach an das *unmittelbare* Erkennen heran. Gewöhnlich hat man alles Erkennen durch Denken, Vorstellen, Wahrnehmen vermittelt. Es beruht aber alles Erkennen letzten Endes auf der Unmittelbarkeit, es ist ein Innewerden, ein Verstehen ohne Worte oder Begriffe, ohne Wissen. Und das ist der Ort der Meditation (19).

Schwierigkeiten

Es kann vorkommen, daß das Bewußtsein während der Übung in einen halbträumenden Zustand versinkt. Wenn man das bemerkt, ist es gut, zu unterbrechen, um neu anzufangen und die Übung in einem günstigeren, wacheren Zustand zu wiederholen; denn der gewünschte Bewußtseinszustand liegt durchaus *über* dem gewöhnlichen Wachheitsgrad.
Es kann geschehen, daß beim bildlichen Vorstellen der Gegenstand der Konzentration zu »leben« beginnt, d. h. sich bewegt, verwandelt, seine Farbe wechselt, »schön« oder »häßlich« wird. Es ist charakteristisch dabei, daß der *Gegenstand* lebt. Der Übende bewegt den Gegenstand nicht; er beobachtet nur die Wandlungen, die der Gegenstand unabhängig von ihm durchmacht. – Bei eingehender Aufmerksamkeit kann dabei immer gefunden werden, daß man den Gegenstand zwar bildlich vorgestellt, aber diese Vorstellung starr vor sich hin gestellt hat. Der Gegenstand war zwar nicht physisch gegeben, wir haben seine Vorstellung »beobachtet«, aber ihn nicht

aktiv gedacht. Die auf die Vorstellung gerichtete Aufmerksamkeit wird starr und ist im Vergleich zum Denken passiv. Wenn die starre Aufmerksamkeit genügend konzentriert ist, dann geht der in die Aufmerksamkeit konzentrierte und dadurch zur Passivität verurteilte Wille in das Bild des Gegenstandes über. Das Bild erwacht dadurch zum Leben. – Das Geschilderte ist eine Art von Ablenkung: wir schauen in passiver Weise auf den »unabhängig« gewordenen Gegenstand. Die Gedanken und Vorstellungen müssen aber immer aktiv von uns geschaffen werden.

Eine andere Schwierigkeit wurde auch schon erwähnt: man kommt von der Erinnerung der schon einmal durchlaufenen Gedankengänge schwer frei, und das Konzentrieren wandelt sich dadurch in ein Erinnern um. Es ist klar, daß auch dies eine Ablenkung ist, die besonders am Anfang sehr stört. Man ist dann geneigt, das Thema zu wechseln, jedoch tritt bald dasselbe auch mit dem neuen Thema auf. Deshalb ist es ratsamer, bei dem »langweiligen« alten Thema zu bleiben und von grundauf die Schwierigkeit zu überwinden. Das Konzentrieren ist völlig unabhängig von der Neuheit oder dem Alter des Themas, es gelingt sogar besser, wenn die Gedanken bekannt sind. Sie dürfen aber nicht dem Gedächtnis entnommen werden. Der Rat, das Gedächtnis auszuschalten, das Schon-Gedachte zu vergessen, ist leicht gegeben, aber schwer zu befolgen.
Zu Anfang der Übung fällt es nicht leicht, die ungeteilte Aufmerksamkeit zu verwirklichen. Wir fordern etwas Ungewöhnliches von unserer Aufmerksamkeit: sie soll sich mit etwas beschäftigen, das für sie uninteressant ist. In diesem Falle muß die Aufmerksamkeit *gewollt* werden. So kann es geschehen, daß wir zwei Subjekte gleichzeitig in uns fühlen: eines, das *aufmerksam ist,* und ein anderes, das *dies will.* Dabei kommt es leicht vor, daß das Erinnern das »wollende Subjekt« stört, weil es diesem leichter fällt, zu erinnern als zu denken.
Das Problem ist eigentlich dieses: Wie fängt man an, wenn es noch keine Freude macht? Man muß wollen, und dieses Wollen lenkt ab vom Tun. Wie aber werden Wollen und Tun eins? Wie kann man

die »zwei Subjekte« verschmelzen? – In bezug auf das Anfangen kann man so verfahren, daß man vor dem Beginn ein Warten einschaltet: Wir setzen uns hin und warten, bis sich die immer anwesenden unruhigen Regungen gelegt haben. Steht dann das Problem »Soll ich es tun oder soll ich es nicht tun?« in aller Schärfe da, wenden wir uns einfach dem Thema zu und fangen die Übung an. Falls dann am Anfang aber doch die »zwei Subjekte« in Erscheinung treten, fangen wir *nicht an.* Dieses Nicht-Anfangen kann man einige Male wiederholen, und dann geht es meistens besser. – Eine andere Möglichkeit besteht darin, daß man die Gedankenreihe der Konzentration einer vorgestellten Person erzählt. Dies verlangsamt das Denken mindestens bis auf die Geschwindigkeit des Redens. Außerdem verhilft es zum Vergessen der »zwei Subjekte« und zur Vereinigung von Wollen und Tun.

Die Anwesenheit der zwei Subjekte bedeutet im Grunde genommen, daß wir in Wirklichkeit *nicht denken.* Genauer: wir üben dieselbe Art von Nicht-Denken, die gewöhnlich Denken genannt wird, d. h. es wird *über* etwas, nicht *dieses selbst* gedacht. Gewöhnlich denken wir nicht den Gegenstand selbst, sondern an den Gedanken, den wir schon früher einmal über ihn gebildet haben. Oder wir denken an die schon einmal gebildete Vorstellung, statt sie erst jetzt zu bilden. Wir verwirklichen nicht das Dabei-Sein beim Gegenstand, sondern denken an seine Vorstellung; genauer: wir rufen die Vorstellungen, die Gedanken über den Gegenstand in unser Gedächtnis. Wir stehen dem Gegenstand (Thema) nicht gegenüber wie das erste Mal. Im extremen Fall kann das bis zum Verbalismus gehen: es werden bloße Worte in Erinnerung gerufen.

Das wirkliche Denken ist die vollständige Einheit von Denken und Denken-Wollen, so daß eine zweifache »Anwesenheit« gar nicht aufkommen kann. Es handelt sich nicht um eine Wiederholung der Vorstellungen und Gedanken aus dem Gedächtnis, sondern um ein fortwährendes neues Denken, unabhängig davon, ob die Gedanken neu sind oder nicht. Wenn sie auch schon gedacht waren, können sie doch immer mit derselben Intensität und ausschließlichen Aufmerksamkeit neu gedacht werden wie das erste Mal. Wenn wir über gedankliche Konzentration sprechen, ist dieses wirkliche und aktuelle Denken gemeint. Man könnte auch sagen, daß man dauernd im Zustand des »Verstehens« ist: da kann keine Rede sein von gedächtnismäßiger Wiederholung. Es ist ein dauerndes Dabei-Sein beim Thema, eine größtmögliche Identität mit ihm. Man versteht, was eigentlich Denken ist, worin es sich von einem bloßen Heraufholen des Gedachten und des Vorgestellten unterscheidet.

Falls der Übende die anfängliche Schwierigkeit des Wollens schon überwunden hat, kann er das Langweiligwerden des Themas dadurch umgehen, daß er sich vorstellungsmäßig (und nicht in abstrakten Gedanken) konzentriert und so den Vorgang verlangsamt. Auf diese Weise wird nicht so viel »Stoff« benötigt. Dies gelingt umso eher und umso länger, je mehr die Vorstellungsbilder ins Detail ausgearbeitet werden (je mehr z. B. jeder Zahn eines Kammes in der Vorstellung einzeln ausgeschnitzt wird).

Um den zur Konzentration nötigen Willen zu charakterisieren, kann man folgendes Bild verwenden: Man stelle sich den Zustand völliger körperlicher Müdigkeit vor. Aus der körperlichen Vitalität heraus würden wir keiner Handlung, keines Willensaktes mehr fähig sein. Wir würden regungslos daliegen. Wenn wir aber doch etwas tun müssen, dann bringen wir zu diesem Tun auch einen Willen auf. *Dieser* Wille kommt jedoch nicht aus der Körperlichkeit, da diese ganz erschöpft ist. – Denselben Willen bringen wir in der Konzentration (und in jeder Kunsttätigkeit) auf (natürlich ohne die körperliche Erschöpfung vorauszusetzen).

Auf der ersten Stufe der Konzentration ist es für das Gelingen der Übung hilfreich, den Umkreis des Themas von vorneherein zu begrenzen, damit man nicht allzuweit von ihm abkommt. Man begrenzt z. B. auf: 1. Form und Farbe, 2. Herstellung, 3. Funktion (Verwendung). Mit diesem dritten Schritt geht man zur zweiten Stufe über; denn die Funktion gehört meistens nicht bloß einem individuellen Gegenstand an.

Selbstbeobachtung in beiden Stufen der Konzentration ist eine gefährliche Ablenkung.

Falls die störende Wirkung der aus der Umgebung kommenden Geräusche zu schwer aus dem Bewußtsein zu bringen ist, kann hilfreich sein, wenn wir die Aufmerksamkeit auf das Rauschen der Stille richten. In vollständiger Stille ist dieses Rauschen wohl bemerkbar; es ist ein leiser Ton, der durch die Blutzirkulation im Ohr verursacht wird. Indem wir dieses Rauschen hören, werden andere Geräusche uns nicht mehr stören, denn es ist das leiseste und innerlichste Geräusch. Durch wenig Übung vermögen wir, es auch in Anwesenheit von lauteren Geräuschen zu hören. Wenn das gelingt, braucht man nur diese eine Störung wegzuschaffen, von dieser die Aufmerksamkeit auf das Thema der Konzentration hinüberlenkend. – Das Wahrnehmen des Rauschens der Stille ist ein Durchgangsort zur Sicherung des ungestörten Seins.

Die Grenzen der Seele

Es wird nach dem Menschenbild gefragt: Was ist der Mensch? So gestellt, ist die Frage falsch, und die Antwort wird zwangsläufig dem Menschen nicht gerecht. Denn der Mensch ist der Fragende selbst und deshalb ein Wer, nicht ein Was. Die Frage kann nur lauten: *Wer* ist der Mensch? Die Antwort muß unmittelbar aus dieser Erfahrung selbst kommen: Der Mensch ist der Fragende, der Mensch ist der Antwortende.

Kein anderes Wesen hat Fragen, nur der Mensch. Die Naturwesen, Stein, Pflanze, Tier, fragen nicht; auch das Tier hat die Antwort im voraus, vor der Frage: deshalb ist sie *keine* Antwort. Es wird das Tier nicht gefragt; es kann nur reagieren. Der Mensch wird gefragt, in Frage gestellt. Von wem? Von sich selbst. Die Welt ist ihm fragwürdig, er selbst dadurch auch. Antworten ist kein Reagieren.

Im Fragen, im Antworten wird er Mensch. *Der* ist der Mensch, seine Ansprechbarkeit verwirklicht sich im Fragen, im Antworten. Im Verstehen der Frage ist er Mensch; sonst ist keine Frage. Im Verstehen der Antwort ist er Mensch; sonst ist keine Antwort. Aber auch das Nicht-Verstehen, Nicht-Antworten ist menschlich, allein menschlich. Ob er spricht, ob er schweigt, ob er versteht, ob er nicht versteht; selbst in der Verleugnung seiner Menschlichkeit: es ist immer der Mensch.

Insofern es höhere Wesen gibt als der Mensch – und alles nicht vom Menschen Geschaffene zeugt von einem Erkennen und Erkanntsein –, müssen diese ganz im Erkennen drinnenstehen: sonst wären sie Menschen. Nicht Fragen haben diese Wesen: sie können nur vom Erkennen zu leuchtenderem Erkennen steigen oder sich vertiefen, von Licht zu hellerem Licht. Die Finsternis der Frage und das Glück der Antwort kennt allein der Mensch.

Der Mensch hat seine Welt, ist in seiner Welt. Was er nicht ist, das ist seine Welt. Diese ist immer die Welt, die er erkannt hat. Provisorische Welt, doch denkt er nicht daran. Für ihn ist sie schon fest genug, objektiv – sein Gegenüber. Die innere Struktur seines Fragens wird bedingt durch ein dreifaches Verwobensein mit *dieser* Welt (20). Indem der Mensch *Leib* ist, wird ihm die Welt gegeben – durch seine Sinnesorgane. Indem er *Seele* ist, steigt in ihm durch die Welt Freude, Schmerz, Sympathie, Haß auf. Indem der Mensch *Geist* ist, erkennt er die Welt. Erkennen ist mehr als ein subjektives Gefühl: die Welt ist *so*. Der Körper ist für die Seele: Welt. Die Welt als Erkennbares oder Erkanntes ist für die Seele: Welt. Die *Seele* erkennt den Körper als Körper, sich selbst durch die Kräfte des Erkennens, durch Geisteskräfte, welche sie besitzt. Den Geist, das Erkennen, kann sie auch durch diese Kräfte erkennen. Jedoch wird dieses letztere eben durch die Verwendung der Erkenntniskräfte zugedeckt: sie erhellen das Erkannte; um selbst zu erscheinen, muß einer da sein, für den das möglich ist.

Die Struktur der Frage wird bedingt dadurch, daß die Seele nicht Geist ist – Nicht-Erkennen ist. Als Seele ist sie gerade dasjenige, das nicht-erkennt, obwohl sie die Möglichkeit des Erkennens hat: geistige Kräfte. Sie ist Nicht-Welt: Welt ist immer erkannt – die Seele ist, was von der Welt getrennt ist. Die Trennung selbst, das Nicht-Erkennen, die Grenze der Welt: das ist die Seele. Die Grenzen der Seele: das ist sie selbst. Finsternis also.

Nicht ganz Finsternis, nicht ganz Licht. Eine Finsternis, worin das Licht er-scheinen kann, eine Finsternis aber, welche die eigenen Grenzen verteidigt. Und in dem Spiel von Licht und Finsternis geht die farbige Welt auf; in dem Spiel von Sinn und Taubheit geht die tönende Welt auf. Die Seele ist die Fragende, die Seele ist die Antwortende; die Kräfte des Fragens, die Kräfte des Antwortens sind Geisteskräfte: Logoskräfte. Kräfte, welche die Welt erbaut haben, denn sie ist eine erkennbare Welt. Kräfte, die in der Seele wirken, denn die Seele kann die Welt erkennen.

Wenn die Seele spricht, spricht der Geist durch die Seele.
Wenn die Seele schweigt, schweigt der Geist durch die Seele.
Die Seele ist der dunkle Schleier des Geistes.

Heraklit spricht: Der Seele Grenzen – gehend – findest du nicht auf, alle Wege durchwandernd – so tiefen Logos hat sie. Er sagt auch: Die Seele hat Logos: der sich selbst vergrößert. Über den Logos spricht er so: Obwohl der Logos ein Gemeinsames ist, leben die vielen so, als ob sie ein eigenes Denken hätten. Womit sie fortwährend am meisten in Berührung kommen, mit dem Logos, dem entzweien sie sich, und das, worüber sie täglich stolpern, erscheint ihnen fremd. Denn alles geschieht diesem Logos gemäß...

Die Grenzen der Seele sind Grenzen des Erkennens. Wäre die Seele völlig fensterlos, so wäre kein Erkennen, und sie wäre auch keine Seele, weil sie sich nicht unterscheiden könnte. Wo aber Grenzen *und* Fenster sind, da ist Dämmerung und Morgenrot, da ist Empfindlichkeit und auch Bemerken der Empfindlichkeit. Weil sie bemerkt wird, ist sie nicht die Empfindlichkeit des Tieres. Sie kann Erkenntnisorgan sein, sie kann aber auch zum Sich-Empfinden dienen.

Grenzen zu haben, bedeutet: Oberfläche zu haben; bedeutet Empfindlichkeit, bedeutet Bewegungsbedürfnis um der Reibung willen. Denn Oberfläche empfindet Oberfläche, und das durch Reibung. Es ist ein Sich-Empfinden, kein Erkennen.

Erkennen ist Lesen, Lesen in der Physiognomie des Erkannten, nicht Reibung. Die Oberfläche muß da sein zum Erkennen, damit Erkennen notwendig sei und damit der Erkennende sei, aber das Erkennen geschieht nicht durch die Oberfläche.

Die Seele kann erkennen, sie will sich aber empfinden an der Oberfläche. Die Oberfläche ist die Grenze der Welt. Haften an der Oberfläche ist Haften an der Welt: das Verteidigen der Oberfläche, Verlangen nach der Welt: Verlangen nach dem Verlangen, Begierde nach der Begierde.

Freude und Schmerz sind ein Reagieren der Oberfläche. Sie dienen zum Sich-Empfinden. Das Leid aber vermag die Seele aus dem Verlangen nach dem Verlangen herauszuführen.

Die Grenzen, das Haften, Begierde und Schmerz, Sich-Fühlen und Sich-Fühlen-Wollen: Seele. Das ist das Eigentum der Seele: es ist

»das Seine«. Es ist der Irrtum der Seele zu meinen, sie sei dieses, dieses Eigentum. Nur langsam fängt sie an zu suchen den, dem alles gehört.

Die erste Antwort der Seele ist: ich bin Körper. Sie fühlt sich körpergebunden. Sie weiß um ihre Abhängigkeit vom Körper. Wo sie aber von der Abhängigkeit weiß, muß sie unabhängig sein. Sonst würde sie die Abhängigkeit nicht bemerken, sie ginge immer ganz mit. Irgendwo muß sie autonom sein, sonst könnte sie ihre Abhängigkeit nicht beweisen.
Wenn du nur den Mund öffnest zum Sprechen: ein Manifest der Unabhängigkeit. Und wenn du schweigst, ist es ebenfalls ein Schweigen aus Freiheit. Der Mensch ist nicht frei, aber er weiß darum, und darin ist er frei. Wäre er ganz unfrei, würde er nicht darum wissen. Wäre er ganz frei, würde er die Unfreiheit nicht kennen; er würde auch die Freiheit nicht bemerken: er wäre nicht frei. Er hat Teil an der Freiheit, Teil an der Unfreiheit: das ist seine Freiheit.
Daß der Körper ist, ist eine Feststellung der Seele, eine Erkenntnis der Seele, durch den Geist. Auch Seele und Geist sind Erkenntnisse des Geistes in der Seele.

Es kann der Seele auffallen, daß sie sieht oder denkt oder wahrnimmt: erkennt. Sie kann sich zu den Kräften des Erkennens wenden. Die Kräfte des Erkennens können nicht aus der erkannten Welt stammen – aus der »kleinen« Welt, worin das Erkennen selbst nicht erscheint, keine Realität ist. Das ist unser gewöhnliches Weltbild: konkret, objektiv – aber das Erkennen ist darin keine Realität, weil dieses Bild die schon erkannte Welt abbildet.
Das Erkennen *ist* aber: sonst wäre das Bild der Welt nicht da. Das Erkennen ist in der Welt, wo sollte es sonst sein? – *das* ist die Welt, die große Welt, worin das Erkennen seinen Platz hat. Der Mensch kennt aber zunächst nur die kleine Welt: seine Welt.
Die Kräfte des Erkennens sind der Seele nicht bekannt. Sie verwendet sie, ohne zu erfahren, woher sie kommen. Denn nur das Er-

kannte wird bewußt: das Gedachte, das Wahrgenommene. Das Erkennen selbst geht voran: vorbewußt. Bewußtsein entsteht mit dem Erkannten, durch das Erkannte. Das Verstehen ist letztlich immer unmittelbares Verstehen: nach langen Ketten der Vermittlungen, Verwandlungen wird es einmal doch verstanden: nach der letzten Vermittlung. Das ist das unmittelbare Erkennen. Es könnte gedacht werden, die Erkenntniskräfte seien unpersönliche Kräfte, die Intuition komme aus einer unpersönlichen Welt – der Ideen etwa. Die erste Intuition des Selbstbewußtseins aber ist die Intuition: Ich. *Nach* dieser Intuition ist erst das Selbstbewußtsein da. So muß die Quelle persönlich sein. Die Intuition versteht sich selbst, nichts anderes; nur später erkennt sie sich wieder im anderen – das dann schon kein anderes ist. Also ist die Quelle das *Ich-bin.*

Das Bewußtsein durchschaut sich nicht, ist für sich selbst undurchdringlich. Es ist nicht selbständig. Wenn wir aufwachen, tun *wir* es nicht: nachdem wir aufgewacht sind, ist unser Bewußtsein da. Nicht das Bewußtsein bewirkt das Aufwachen.

Die Seele wird in jedem Augenblick gespeist durch den Geist, den sie zunächst nicht kennt. Der Geist kennt sich nicht: er ist das Erkennen selbst. Die Quelle des Erkennens ist das geistige Selbst. Grenzenlos.

Das Urphänomen ist das Erkennen. Es ist nur durch sich selbst. Daraus besteht es: das ist das Bestehen, das ist das Verstehen. Absolute Durchsichtigkeit. Alles, was wir kennen, worüber wir wissen, ist erkannt. Das Urphänomen heißt: Geist.

Was die Seele erkennt, dem ist sie hingegeben. Im Hingegebensein weiß sie nichts von sich selbst. Im Nicht-Erkennen wird sie wach. Schlafen – im Hingegebensein, im Verstehen; Wachen, Bei-sich-Sein: im Selbstbewußtsein. Wer denkt, ist das Ich; wer gedacht hat, ist die Seele. Sie oszilliert zwischen erkennendem Schlaf und nichterkennendem Wachbewußtsein. Deshalb hat sie keine Gegenwart.

Was bewußt wird, ist vergangen. Hingegebensein an die Welt – Hingegebensein an den Körper. Die Seele hat sich einmal – in der Kindheit – mit dem Körper identifiziert. Seitdem sagt sie »Ich« zum

Körper – diese Intuition geht ihr auf in dem Augenblick, in dem sie sich an dasjenige bindet, was vom Ich gebaut wurde und wird, aber nicht das Ich ist – es ist das eigene andere für das Ich. Die Bindung an den Körper hindert das Hingegebensein an die Welt. Die Erkenntniskräfte der Seele sind die gebliebenen Erkenntniskräfte, der Rest. So entsteht das Außen, das Innen, die Grenze, die Seele selbst. Das Kleid. In jedem Augenblick schläft die Seele, wacht die Seele.

Die Autonomie der Seele liegt in ihrer geistigen Kraft, in der Kraft der Aufmerksamkeit. Die Aufmerksamkeit ist meistens in den Dienst des Sich-fühlen-Wollens gestellt, es kann aber der Seele auffallen, daß sie die Kraft der Aufmerksamkeit hat. Sie kann diese Kraft wollen, an sich, ohne Gegenstand, als reine Kraft, als Möglichkeit, als Bereitschaft.

Es fängt mit der Konzentration der Kraft an – auf etwas, was unwichtig und uninteressant ist. Die Aufmerksamkeit auf eine solche Vorstellung kann ins Unbegrenzte gesteigert werden. Die zerstreuten Kräfte, sonst immer zwischen den Zeilen des Lebens hinfließend (21), erscheinen selbst. Erst auf Unwichtiges, dann auf eine reine Idee konzentriert, erscheint zuletzt die Aufmerksamkeit ohne Gegenstand. Die Aufmerksamkeit wird dem Körper entzogen – auch ein körperlicher Schmerz kann verschwinden beim Konzentrieren auf etwas anderes. Die Seele erlebt die Aufmerksamkeit ohne Gegenstand: damit erfährt sie sich selbst, ohne »etwas«. Ohne Vergangenheit wird sie sich gegenwärtig, ohne Gedachtes, ohne Wahrgenommenes: reine Anwesenheit, zum erstenmal: Leben.

Das Bewegungsbedürfnis hört auf: innere Meeresstille. Die Seele erkennt ihren Wesenskern: das geistige Selbst. Die Quelle des Erkennens: sie wird es selbst. Sie braucht die Grenze nicht mehr, um zu sein.

Die erste Grenze ist das Gedachte (22), das gespiegelte Bewußtsein. Tot, weil gespiegelt; abstrakt, weil tot. Im Denken zu leben, statt im Gedachten sterbend zu leben; das Begreifen zu erfahren, statt bloß den Begriff: das ist Selbsterkenntnis. Sonst bleibt alles gedacht. Ob »Geist«, ob »Stoff« gedacht wird: indem es gedacht ist, ist es das gleiche. Die erste Grenze ist die Grenze des Gedachten: ist die Grenze des Lebens. Deshalb kennt der Mensch das Leben nicht.

Alle Wege durchwandernd, gehend die Wege des Erkennens, findest du die Grenzen der Seele nicht mehr. So tiefen Logos hat sie. Aber die Seele muß sich an ihre Grenzen begeben, damit diese verschwinden. Immer sind die Grenzen der Welt in der Seele (22). Der Logos in ihr, sie selbst sich erfahrend, wird groß durch sich selbst. Es entsteht, was noch nicht ist, die Seele wird Geist, oder der Geist wird Seele: der Mensch.

Die Wahrheit ist Aufheben des Vergessens – eine Wiederherstellung dessen, was immer ist, nur verdeckt durch die Grenzen, durch die Seele.

Die Wahrheit ist Geschehen, Tun, Praxis; sie kann kein Besitz sein, so wenig wie Musik. Was ist Wahrheit?

Weg ist Wahrheit, Leben ist Wahrheit.

Wahr-Werden und Gewahr-Werden. Es gibt keine andere Kompetenz. Wer fragt, ist nicht in der Wahrheit. Seine Frage ist die Wahrheit, verhüllt. Das Fragen selbst. Wahrheit kann nicht bewiesen werden. Wahrheit braucht keinen Beweis. Sie leuchtet. Die letzte Wahrheit ist ein Lächeln zwischen Gott und Mensch, zwischen Göttlichkeit und Göttlichkeit.

Vom Geheimnis des Wahrnehmens

Die Welt ist immer auch die gesehene Welt. Es ist kein Gesehenes da ohne Sehen. Es ist kein Sehen da ohne den Sehenden. Das sollte eigentlich genügen, die »kleine Welt« als *unsere* Welt zu erkennen. Dieses Erkennen aber fehlt dem gewöhnlichen Bewußtsein. Diesem scheint die Welt einfach »da« zu sein – vielleicht nicht ganz so, wie sie uns erscheint, jedenfalls aber *unabhängig* von uns. Wir gehören als Erkennende nicht dazu. Daß etwas »ist«, ohne erkannt zu sein, darin zeigt sich einerseits der zentrale Aberglaube unserer Zeit. Während die kleine Welt ganz sicherlich als unser Erzeugnis erkannt werden kann. Dieser Aberglaube wird andererseits genährt durch den sogenannten Idealismus. Er behauptet, das ganze Weltbild sei lediglich Erzeugnis des Bewußtseins. Und unter »Bewußtsein« wird das gewöhnliche Bewußtsein verstanden. Eben jenes, das erst *nach* dem Wahrnehmen, *nach* dem Denken entsteht.

In der Tat erscheint ein Bild im Bewußtsein: also nicht mehr Welt selber. Der Realismus umgeht diese Schwierigkeit mit dem Gleichnis von der Spiegelung: das Bild *im* Bewußtsein ist objektives Spiegelbild einer objektiven Wirklichkeit. Kant formulierte radikal: Was ich weiß, ist schon innen – von dem Außen kann ich unmittelbar nichts wissen.

Das gewöhnliche Bewußtsein kümmert sich aber nicht um die Erwägung der Philosophen. Für Menschen ohne Reflexion ist empfindungsgemäß die Welt in ihrer Erscheinungsform eine feste Objektivität, unabhängig vom Erkennen. Und diese Empfindung kann nicht verändert werden durch den Gedanken: das Welt-Bild muß irgendwie für das Bewußtsein gegeben werden, damit das Problem überhaupt diskutabel wird. Diese Empfindung gehört zum Bewußtsein, bildet eigentlich das gewöhnliche Bewußtsein. Kein

Gedankengang kann an ihr rütteln. Da durch einen Bewußtseinsakt das Bild der Welt nicht veränderbar ist, fällt alle Rederei über die bildschaffende Tätigkeit des gewöhnlichen Bewußtseins weg. Dieses vermag nichts gegenüber dem Weltbild. Es mag ein treuer oder untreuer Spiegel sein: es kann sich nicht begründen. Es steigt in allen seinen Bewegungen aus einem Vorbewußten auf – worin es wurzelt. Es erlebt nicht sein eigenes Aufsteigen, keine schaffenden Bewegungen. Nur nachträglich kann es die Ergebnisse des Vorangegangenen registrieren.

Während ich schlafe, existiert für mein Bewußtsein diese Welt nicht. Die Welt geht mit meinem Bewußtsein unter: beide Vorgänge sind nicht zu trennen. Und wenn ich aufgewacht bin, kann ich entdecken, daß während meines Schlafes »jemand« die Kontinuität meines Bewußtseins gewährleistet hat. Dasselbe kann über die Kontinuität des Weltbildes gesagt werden. Sie wurde auch bewahrt. So geht und kommt hier das Bewußtsein, dort gleichzeitig das Bild der Welt. Keines von beiden geht dem anderen voran.

Wenn ich an das Aufwachen denke, kann ich sagen, daß mein Bewußtsein objektiv, d. h. unabhängig von mir existiert. Voran geht das, woraus das Bewußtsein nach dem Schlaf auftaucht. »Bewußtsein« wird es erst nachher.

Der Schlaf und dieses Auftauchen geschehen aber auch während des Wachens. Indem ich eine Blume wahrnehme, bin ich mit meiner Aufmerksamkeit ganz bei ihr: – ich bin die Blume. Nicht denke ich: ich bin die Blume; sondern ich schaue, sehe, denke die Blume. Dadurch bin ich die Blume. Dann wache ich auf und sage: dort ist die Blume. Oder: Ich sehe die Blume. Ich sehe sie jetzt nicht: ich weiß, daß ich sie gesehen habe, daß sie dort ist. Ich aber bin hier, bin bei mir. Ich wache, bin bei meinem Bewußtsein. Während ich aber wahrnehmend bei der Blume war, wurde meine Kontinuität ebenso bewahrt wie nachts im Schlaf. Ich kann zurückkehren.

Das Denken empfinde ich als Tätigkeit, bei der ich ganz dabei bin. Diese Empfindung ist nur Schein: gewöhnlich erlebe ich das Denken überhaupt nicht – sondern allein das Gedachte. Auch beim Denken berühre ich immerfort das Gebiet des Schlafes. Woher kommt das Gedachte, woher wird die Dialektik genährt? Da ist eine unbewußte Quellkraft: die Logos-Kraft in mir. Doch wo diese Kraft oder die Bewegung, die diese Kraft bewirkt, zum Stillstand kommt, genau dort wird mein Bewußtsein wach. Es erblickt sich selbst: das Gedachte steht da, vorgestellt. Selten geschieht es, daß ich diese Quelle unmittelbar erblicke. In diesem seltenen Ausnahmefall erscheint sie als fremde Instanz. Denn mein Selbstbewußtsein ist zunächst dort heimisch, wo diese Kraft im Produkt verschwindet. Gerade mit ihrem Erlöschen blitzt mein Selbstbewußtsein auf. Dieser Blitz offenbart ein zweifaches Geschehen. Der Kraft selber könnte ich nicht standhalten: sie würde mich als Eigenwesen vernichten.

Die Richtung, aus der mein gedachtes Denken erscheint, nenne ich das Innere. Die Richtung, in der ich die Kraft der gedanklichen Intuition ahne, die nenne ich das Außen. Im Wahrnehmen empfinde ich mich passiv. Obzwar die Wahrnehmungsbilder zweifelsohne »innen« erscheinen, empfinde ich diese Bilder so, als ob sie ohne mein Zutun entstanden wären. An dieser Empfindung der Fremdheit ändert nicht, daß jedes Wahrnehmungsbild durchwoben ist von Begrifflichkeit, d.h. zugleich gedacht ist. Die empfundene Passivität verleiht diesen Bildern die empfundene Objektivität. Die Welt der Wahrnehmungen erscheint dadurch numinos – einer Gottheit gleich. Sie scheint zu sein ohne mein Zutun: unabhängig von mir. Mein Selbstbewußtsein entsteht allein dadurch, daß ich mich sowohl vom Wahrnehmen wie vom Etwas-Denken zurückziehen und mich vergewissern kann: *ich* habe wahrgenommen, *ich* habe gedacht. Ich kann mich aus allem Hingegebensein zurückziehen. Ich besinne mich auf die Tätigkeiten, welche ich eigentlich nur durch ihre Ergebnisse gewahr werde. Ich ahne sie nur hinter den Kulissen des Wahrgenommenen und Gedachten, die auf der Bühne meiner Aufmerksamkeit erscheinen.

Alles bisher Ausgeführte ist Erkennen. Es gibt nichts, das ohne Erkennen für uns da wäre. Im Anfang ist das Erkennen. Nichts Ursprünglicheres kann es geben als die Quelle aller Aussagen über Wahrnehmung und Denken.

Der heutige Mensch verhält sich insofern irrational, als er die eigene Rolle beim Denken wie beim Wahrnehmen vergißt. Dieses Vergessen ist kein unschuldig-zufälliges. Würde der Mensch dieses Vergessen aufgeben, so stünde er vor der Aufgabe, sein ganzes Weltbild, also die Kultur, also die sozialen Einrichtungen zu wandeln. Vor allem aber: er müßte sich selber wandeln. Deswegen rechnet er das Erkennen selber nicht zur Welt der Realitäten! Das Element, durch das er alle Realitäten erkennt!

Auf der Suche nach einer Erklärung des Wahrnehmens suchen der Psychologe und der Physiker nach einem »Träger«, welcher selbst nicht wahrnehmbar ist. Damit verhalten sie sich logisch. Der Vorgang des Wahrnehmens kann nicht erfahren werden: deshalb könnte er das Wahrnehmen nur auf neue weitere Wahrnehmungen – auf Wahrgenommenes – zurückführen. Das will der Forscher vermeiden. Er bemerkt nicht, daß seine unmittelbar unwahrnehmbaren Prinzipien (Wellen, Schwingungen, Photonen, Nervenleitungen usw.) auch nur durch Wahrnehmungen bewußt werden, und zwar durch viel kompliziertere und anspruchsvollere Wahrnehmungen, als es jene sind, welche er erklären will.

Es ist für den Menschen schwer, zu verstehen, daß Denken, daß Wahrnehmen letzten Endes immer ein Unmittelbares sind. Im unmittelbaren Erkennen, ohne »Fremd«-Träger, waltet die Realität des Geistes. Erkennen kann nicht zurückführbar sein auf etwas, was nicht erkannt ist. Jede Erklärung des Erkennens setzt dieses selber voraus. – Die Frage lautet vielmehr: Was hindert uns am Erkennen, das als Möglichkeit immer da ist?

Die Grenzen der Seele behindern, die Grenzen der Seele ermöglichen das Erkennen. Die Seele stellt sich zwischen Welt und Geist, also zwischen Geist und Geist. So stiftet sie die Grenzen. Der einheitliche Strom des Erkennens wird unterbrochen, zweigeteilt. Das universale Weltgeschehen erscheint von »innen« als Denken, von »außen« als Wahrnehmung. Die Seele hat die Offenbarung des Begrifflichen ausgesondert – »herausgeboren«. Sie hat aus diesem Teil eine Innenwelt gebaut. Ursprünglich schuf in diesem Ideellen ein Leben. Keine Biologie, sondern lebendiges Darinnenstehen im

Strom des Kosmos, erkennendes Darinnenstehen in den Wogen der Welt: lebendige Idee, erkennendes Gefühl, erkennender, Identität tragender Wille. Beim Zerbrechen des Kosmos wurden aus Gefühl und Wille ursprünglich Erkenntniskräfte, – Bausteine für Grenzerlebnisse der Seele. Instinkte haften nun an der Oberfläche der Welt, ohne inneren Wesensaufschluß. Seelische Oberfläche ertastet begehrend und entbehrend Stücke der Welt-Oberfläche. Aus dem, was vom Kosmos übrigblieb, wurde das Wahrnehmen.
Die Grenzen der Seele kerkern diese indessen nicht ein, sie ist nicht fensterlos. Die Sinne sind durchlässig: aller Sinn der Welt strömt durch die Sinne. Die Sinne erkennen nicht – sie leisten keinen Widerstand. Sie sind selbstlos, machen sich beim Wahrnehmen nicht geltend. Die Seele erkennt. Und um sich an der Wahrnehmung zu erleben, dämpft sie das durch die Sinne strömende Leben fast bis zu völliger Leblosigkeit ab. Diese Abdämpfung geschieht nicht bewußt. Sie weiß bloß: *dort* ist die Welt, *hier* bin ich.
Auf der anderen Seite verbaut sich die Seele dauernd den Zugang zur Welt der Intuitionen durch alles Gedachte. Denn das Bewußtsein besteht für sich selbst erst mit dem Gedachten. Durch die Sinne flutet dauernd ein Strom von Intuition in die Seele. Daher die »Fremdheit« der Wahrnehmungsbilder. Auch die Wahrnehmungen werden denkend bearbeitet, werden Gedachtes. Der Mensch erträgt die Wahrnehmungen in ihrer ursprünglichen Geistfülle ebensowenig wie das kosmisch-lebendige Denken. Diese ursprünglich universale Welt wird fremd: das ist die Seele. *Wem* wurde sie fremd?

Wäre die Aufmerksamkeit der Seele in der Hingabe an die Welt beim Wahrnehmen nicht dauernd unterbrochen dadurch, daß Hingabe und Selbstheit abwechseln, so wäre – theoretisch – das Wahrnehmen vollkommene Erkenntnis. Die »Deutung« der Wahrnehmungen durch das Denken wäre nicht nötig. Die Aufmerksamkeit der Seele ist immer geteilt zwischen der Welt und der eigenen Körperlichkeit. Das »reine« Wahrnehmen bezeichnet u. a. die Kunst, unabhängig vom Körper wahrzunehmen. Die Abhängigkeit besteht nicht darin, daß durch die Sinnesorgane wahrgenommen wird, sondern im Haften der Seele an der Körperlichkeit. Durch die Sinnesorgane verkehren Mensch und Welt vollständig und geistig: eine volle Kommunion. Das entstandene Bild erst ist die Negation dessen, was im Wahrnehmen waltet.

Daß wir diese Kommunion im Wahrnehmen nur partiell erleben, hängt von der Seele ab, die ihre »Grenzen« hütet. Durch das Bedürfnis, sich selber zu fühlen, wird aus dieser Erlebnis-Kommunion bloße Wirkung. – Wirkungen auf das Nervensystem, auf das Atmen, auf den Stoffwechsel. Das im gespiegelten Bewußtsein gewonnene Erkennen wird von feinen Veränderungen dieser Systeme begleitet. Dadurch geht das Leben des Erkennens, sein Gefühls- und Willens-Wert verloren. Aus den ursprünglichen Formen Imagination, Inspiration und Intuition wird abstrakte Vorstellung, egoistisches Selbstgefühl und menschlicher Instinkt.

Im sinnlichen Wahrnehmen ist der Mensch passiv, – die Dinge selbst rufen ihre Vorstellungen hervor. In dieser Passivität wird die dauernde Identität von Welt und Mensch verschlafen, die Identität im *lebendigen* Erkennen oder in der *Liebe*. Das ist zugleich das Verschlafen, das Nichtbewußtwerden der Bewegung des wahren Subjektes. Was durch diese Bewegung, die nachahmend ist – sie »ahmt nach«, was sie erkennt, und bringt es dadurch zum Ausdruck –, vollbracht wird, dessen verzerrter Schatten fällt in das gewöhnliche, passiv erscheinende Bewußtsein. In Wahrheit aber ist es die negative Arbeit des Ego, der Alltagsseele, ihre Filtrierung, woran die vollständige Erkenntnis zerbricht.

Im höheren Erkennen verhält sich der Mensch aktiv und wach. Diese Aktivität besteht darin, daß die Ver-Mittlung, die Intervention der Seele abgewehrt wird. Dieses Dazwischenstehen bewirkt das Zerfallen des Erkennens zu Empfindungen – in welchen das Ego-Bewußtsein »passiv« ist – und zu Begrifflichkeit, deren »Hervorbringung« als die Aktivität desselben Ego-Bewußtseins erscheint. Diese »Aktivität« ist dieselbe, wodurch die Sinneswelt zustandekommt, die selbsterhaltende Gebärde des Ego, welche – weil nicht bewußt – als Passivität gedeutet wird.

So wird in der Imagination die Bewegung, die gewöhnlich vorbewußt in der »Bildung« der Sinnesbilder wirksam ist, selbst bewußt. Deshalb verschwindet der »objektive« Charakter der Bilder, ihre numinose Gegebenheit. Das Bewußtsein wird »aktiv« im Verwirklichen der selbstgeschaffenen Bilder. In Wahrheit folgt es der Bewegung des lebendigen Denkens. Deshalb sind diese Bilder »lebendig«. Der Erkennende steht nicht mehr eindeutig »gegenüber«. Gegenüber steht gewöhnlich das Ego-Bewußtsein, das vom Ergebnis der nichtbewußten Tätigkeit beherrscht ist. In der physisch-sinnlichen Wahrnehmung erlernt der Mensch das Gesondertsein, den passiven Gebrauch der Sinnesorgane, die aktive Verwendung des Denkens. Er ist passiv im Wahrnehmen, weil die Hauptrolle dabei das wahre Ich spielt; er ist aktiv im Denken, weil dabei die Hauptrolle dem Ego zufällt.

Durch die Sinne wogt das kosmisch-lebendige Denken, der *Sinn* der »großen Welt«. Wäre der Mensch fähig, diese Offenbarung aufzunehmen, er hätte nicht nötig *zu denken,* was die Sinnesorgane vermitteln.

Sinnesorgane sind das Instrument der Fähigkeit, Erkenntnisse zu vermitteln ohne bewußte Denktätigkeit. Die Sinne ergeben für sich unmittelbar »Sinn«. Was dann das Denken ergibt, ist notwendig für die Seele. Das unmittelbare Erkennen ist gleich dem lebendigen Denken. Wird dieses in bezug auf die Sinneswahrnehmung wieder hergestellt, so haben wir das »reine Wahrnehmen«.

Der Weg der modernen Schulung besteht darin, diese Seelen-Bewegung vom Zwang des egozentrisch bindenden Selbsterlebens zu befreien. Das kann sie nur, wenn sie das Prinzip des Erkennens nie verläßt. Deshalb beginnt die Schulung beim Denken. Durch das Denken wird über alles geurteilt: jede Wahl geht durch das Denken. Was mit dem Denken getan wird, wird zum Vorbild für die Verwandlung aller anderen Seelenfähigkeiten.

Im Alltagsleben erscheinen Vorstellen, Fühlen und Wollen nur bezogen auf einen Gegenstand. Die moderne Schulung will diese Fähigkeiten so üben, daß sie »gegenstandslos« bestehen können. Anders ausgedrückt: diese Fähigkeiten werden von ihren Gegenständen zurückgezogen. Das ist nur möglich, wenn zugleich ein Ich tätig ist, das sich nicht an Gegenständen als Subjekt erleben muß. Die Gegenständlichkeit der Welt und damit die Subjektivität des Erkennenden, diese gegenseitige Abhängigkeit wird aufgehoben. Der Gegenstand ist im Ausgangspunkt des Übens Anlaß und Anhaltspunkt, damit die *Bewegung* erscheint und erfahren werden kann; damit erfahren wird, wie Gegenstand und Tätigkeit eins werden – immer eines sind.

Man kann theoretisch einsehen, daß das Erkennen zum Weltganzen gehört, nicht außerhalb des Weltgeschehens verläuft. Im Erleben der geistigen Identität des Gesehenen mit dem Sehen, des Gedachten mit dem Denken wird das theoretische Ergebnis zur lebendigen Erfahrung. Das Erkennen ist Grundbestandteil der Welt – Erkennen ist Welt, Welt ist Erkennen. Die Frage, ob mit dem Erkennen die Welt sich ändert, wird belanglos: Erkennen ist Weltprozeß. Erkennen und Erkennender gehören zur Welt. Beide zusammen sind die höhere Natur – nach Goethe.

Im Erleben des reinen Denkens bekommt das Lebendig-Ideelle ein Bildekleid: wird lebendiges Ideen-Bild. Im reinen, gedankenlosen Wahrnehmen zieht das Ideelle in das Wahrnehmungsbild hinein – wo es ursprünglich war: das Wahrnehmen wird zeitloser Vorgang. In der Imagination bekommt das wahrnehmungsfreie Bildekleid Ideengehalt und wird lebendiges Urbild.

Die Dinge stehen fertig abgeschlossen und unbeweglich vor dem Bewußtsein. Sie scheinen unabhängig vom Erkennen zu »sein«. Das Bewußtsein kann aber erwachen. Es ist es selbst, was den Dingen ein Sein gibt; ist doch die Welt nicht nur Mannigfaltigkeit, sondern auch Zusammenhang und erscheint im Menschen. Die Menschenseele ist die Bühne, wo die Zusammenhänge, aber auch die Dinge erscheinen. Das Bewußtsein kann zum Gewahrwerden des Erscheinens erzogen werden: Das Schauen der zusammenhanglosen Dinge, das Erscheinen der Zusammenhänge, des zusammenhängenden Bildes, – alles ist der Akt des Geistes in der Seele, und der Geist kann seinen Akt, der auch Akt der Welt ist, in das Bild einbeziehen. Das Bewußtsein kann das Sehen sehen; so wird es unabhängig vom

Gesehenen und erfährt: Sehen und Gesehenes sind eins, können eins werden. Das Gesehene ist Ergebnis des Sehens, wird Gesehenes in der Unterbrechung des Sehens, wird durch das Sehen kontinuierlich aufrechterhalten – durch überbewußte Intuition, in der wir immerfort leben, deren Tod wir im Bewußtsein erleben. Jenes ist das wahre Sehen, jenes ist das wahre Leben.

Das Bewußtsein kann den Punkt erreichen, wo seine Geburt als Bewußtsein und das Gegebenwerden des Seins zusammenfallen. Es erreicht die ursprüngliche Einheit, aus der Bewußtsein und Sein herausgebrochen wurden.

Dieser Punkt ist das Überbewußtsein, der Himmel, die Himmel. Das Sein der Dinge besteht aus ihrem Gedachtsein, Gesehensein, So-Gesehensein, So-Sein, vom Bewußtsein punktuell wahrgenommen im dauernden Verlieren, Vergessen. Für das Überbewußte gibt es nicht ein Ding und von ihm gesondert dessen Gedanke oder dessen Sehen, existiert kein »Ding« – Halbgedachtes, unterbrochenes Denken: das Vergessen des Denkens.

Das Vergessen des Denkens, des Erkennens, das Vergessen dessen, was wir tun, ist im Christentum eine Sünde, die Petrus-Sünde.

Mit der Petrus-Sünde: zu vergessen, was man tut, – keimt die Judas-Sünde: der Verrat. In den traditionellen Kulturen war es nicht notwendig, Bewußtsein für das eigene Tun zu entwickeln. Die Identität von Selbst und Welt war noch ungebrochen. Das Problem der Autonomie stellte sich erst für das moderne Bewußtsein. Es verwirklicht die Anfänge totaler Autonomie im physikalisch-mathematischen Denken, im Entfremdetsein von sich, in der Identität mit dem physischen Gegenstand. Dieses moderne Denken wirft Licht auf alles – aber es bringt kein Licht für den Hervorbringer dieses Lichtes! Die Wurzel seiner Tätigkeit ist in eine übersinnliche Weltwirklichkeit eingesenkt. Wenn dieser Schritt hin zu den eigenen Quellen nicht geschieht, wirkt sich in dem insofern unfreien Bewußtsein eine Widersachermacht aus. Sie zwingt, das Denken nur zu verwenden. Bloße Verwendung des Denkens erzeugt den Verrat: das Denken verleugnet sein geistiges Wesen. Es führt sich selbst auf etwas Außergeistiges zurück, was aber wieder nur durch das Denken erkannt wird. Die theoretische Verleugnung wird praktische Tatsache. Das materialistische Weltbild und die daraus folgende Praxis ist das Ergebnis jenes Vergessens, konsequent in diesem Verrat. Wir nehmen das gespiegelte Bild ernst und entdekken nicht den Vorgang des Spiegelns. So gewinnt die gespiegelte Welt ihre scheinbare Selbständigkeit; zugleich bahnt sich die Abdankung des Menschen vom Quell seiner Freiheit an.

Wird das Vergessen aufgehoben, dann verschwindet die Fremdheit, die Andersheit der Wahrnehmungswelt: ihr Wesen erschließt sich der Intuition, d.h. der Geistbeobachtung im Denken. In der Meditation gehen wir zum Beispiel von einem Sinnbild oder einem Thema aus: bis die innere Bewegung, mit der wir es denken, mit dem Thema identisch wird. Diese Identität erfahren wir zugleich als die geistige Erfahrung selbst. Intensiv verstanden, tauchen alle diese meditativen Bemühungen des Wahr-Nehmens in das Wesen der Wahrheit, – Wahrheit als Anwesenheit, Unverborgenheit, Unvergessenheit, Unverlorenheit: »Aletheia«.

Das reine Wahrnehmen kann nur der verwirklichen, der imstande ist, ohne Gedachtes zu denken, wachzubleiben; der erfahren hat, daß nicht, was als sein Eigentum erscheint, sein eigenes Wesen ist und daß die Welt sich nicht außerhalb des Erkennens, sondern *in* ihm, in seinen dem Menschen zunächst überbewußten Phasen verwirklicht. Das Erkennen, als Weltprozeß erfahren, schaut auf *eine* Wirklichkeit, an deren Bildung der Mensch mitwirkt. Das gespiegelte Erkennen und die in ihm erschaute Welt sind aus einer Einheit auseinandergebrochen. Deshalb passen das Sehen und das Licht, das Denken und die Welt so zusammen: »Sie müssen wohl beide für einander sein.« – Musik, jede Farbe, jedes Wort – sie kehren ein, ohne sich aufzugeben, in die Mitte der wachenden Stille.

Die geistige Kommunion des modernen Menschen

Das Wahrnehmen geht dem Denken voran.
Das Wahrnehmen geht der Wahrnehmung voran.
Die Wahrnehmung geht dem Bewußtsein voran.

Das Denken geht dem Gedachten voran.
Das Gedachte geht dem Bewußtsein voran.
Das Bewußtsein entzündet sich am Gedachten.
Das Bewußtsein entzündet sich nicht am Wahrgenommenen.

Es ist schon Wahrnehmung da, ohne einen Wahrnehmenden.
Die Wahrnehmung wird bewußt, ist immer für eine Bewußtheit da; das ist aber noch kein Bewußtsein.

Das Bewußtsein entsteht durch das Denken; das Denken entsteht am Wahrgenommenen, denkt über es nach. Es denkt über sich selbst nach, abgewendet von der Wahrnehmung: so entsteht das Bewußtsein durch das Denken, am Gedachten.
Das Bewußtsein erfährt nicht, was ihm vorangeht: das Denken, das Wahrnehmen. Es entsteht am Gedachten, es enthält das Wahrgenommene.
Erst ist das Wahrnehmen da, dann das Wahrgenommene; dann das Denken über das Wahrgenommene; dann das Denken über sich selbst, dann das Gedachte und das Bewußtsein.

Die Bewußtheit ist dumpfes, träumendes Bewußtsein. Nur Wahrnehmungen sind da.

Das Denken ist noch im Wahrnehmen enthalten. Das Wahrnehmen ist noch ein Denken der Sinne.

Die Bewußtheit weiß nicht von sich selbst, nur vom Wahrgenommenen. Deshalb ist es kein Bewußtsein.
Das Wahrgenommene enthält noch das Gedachte. Deshalb sind beide lebendig.
Das Kind, das noch nicht »Ich« sagt, ist noch nicht die Körperlichkeit. Es nimmt diese wahr, wie etwas anderes auch. Das wahre Ich, das noch aus ihm spricht, sieht sich nicht. Das Subjekt ist immer unsichtbar. Das wahre Ich taucht noch ein in die Welt, wie auch in den Kindeskörper. Es erfährt die Welt wie die eigene Körperlichkeit: alles ist für das Ich dritte Person.
Die Erfahrung, das Untertauchen ist unbegrenzt.
Die alten Völker schauten die Welt so. Sie waren im Wissen, ohne Wissende zu sein.
Die Klarheit kommt aus dem Gedachten. Das Wahrgenommene war klar, das Bewußtsein dumpf.

Dem Bewußtsein geht das Denken voran, geht das Wahrnehmen voran. Das Vorgedankliche kann nicht Inhalt, nicht Gegenstand des Bewußtseins werden.

Das Bewußtsein schläft im Denken, schläft im Wahrnehmen.
Das Bewußtsein wacht im Gedachten, wacht im Wahrgenommenen.
Das Gedachte, das Wahrgenommene sind die Grenzen des Bewußtseins. Ohne diese Grenzen schläft das Bewußtsein ein.

Es gibt kein leeres Bewußtsein.
Das Bewußtsein hütet seine Grenzen.
Die Grenzen bilden das Bewußtsein.
Die Grenzen sind das Bewußtsein.
Die Grenzen hüten das Bewußtsein.
Das Bewußtsein schaut das Denken nicht.
Das Bewußtsein sieht das Wahrnehmen nicht.

Das Denken kann nicht erklärt werden. Warum ist Logik logisch?

Warum ist Evidenz evident? Es könnte nur, wenn es könnte, durch neues, wieder evidentes Denken erklärt werden.

Das Wahrnehmen kann nicht erklärt werden. Warum ist dieses blau, jenes rot? Es könnte nur, wenn es könnte, durch neues Wahrnehmen erklärt werden.

Das Denken vermittelt die Welt. Das Wahrnehmen vermittelt die Welt. Durch das Gedachte, durch das Wahrgenommene.

Das Denken selbst ist unmittelbares Erkennen.
Das Wahrnehmen selbst ist unmittelbares Erkennen.
Die Welt ist unmittelbares Erkennen.
Der Mensch schläft im unmittelbaren Erkennen.
Das Bewußtsein wacht in der Vermittlung.
Der Mensch braucht die Vermittlung. Er steht dazwischen.

Die Welt ist nicht die Welt, die der Mensch sieht.
Das Ich ist nicht das Ich, das der Mensch denkt.

Das Ich des Menschen ist das gedachte Ich: die Erinnerung an den Gedanken des wahren Ich.
Die Welt des Menschen ist die wahrgenommene Welt, das tote Bild vom Bild der Welt.
Dem Ich steht die Welt gegenüber, der Welt steht das Ich gegenüber. Die Grenzen des Ich sind die Grenzen der Welt. Die Grenzen sind das, was das Bewußtsein nicht durchdenken kann, was das Auge nicht durchschauen kann.
Das Ich des Kindes hat sich mit der Körperlichkeit identifiziert.
Das Kind sagt jetzt »Ich« zu der Körperlichkeit.
Das Ich spiegelt sich an der Körperlichkeit und sagt »Ich« – zum Spiegelbild.
Die Körperlichkeit scheidet das Ich von der Welt.
Der Spiegel wendet die Strahlen des Ich zurück.
Die Körperlichkeit scheidet die Welt vom Ich.

Der Spiegel wendet die Strahlen der Welt zurück.
Die Körperlichkeit scheidet das Wahrnehmen vom Denken.
Das Ich findet im Wahrgenommenen die Welt, im Denken das Ich.
Das Ich ist das Ich des Bewußtseins.
Das Ich lebt aus Gnaden des Denkens.
Das Ich lebt aus Gnaden des Wahrnehmens.
Das Ich stützt sich auf das Gedachte, auf das Wahrgenommene.
Das Ich stützt sich auf die Welt, die es sieht.
Das Bewußtsein wird hell durch das Gedachte.
Das Gedachte ist durchsichtig.
Die Welt wird dunkel durch das gedanken-entblößte Wahrgenommene.
Das Wahrgenommene ist undurchsichtig.

Die Welt war einst die erleuchtete Welt. Dem Menschen war die Welt offenbar.
Der Mensch erkannte sich einst nicht. Er war Teil der erleuchteten Welt.
Das Licht der Welt durchleuchtete den Menschen.
Das Sein war Erkennen. Erkennen war Sein.

Der Mensch erkennt die Gedanken des anderen.
Er nimmt die Gedanken in sein Denken auf. Im Denken wird das Gedachte neu lebendig. Der Mensch schläft im Denken, schläft in der Lebendigkeit.
Er denkt die Gedanken des anderen, als wären sie eigenes Denken. Sonst gibt es kein Verstehen.

Der Mensch löscht sich aus, indem er die Gedanken eines anderen denkt. Der Mensch wird identisch mit dem Denken des anderen. Er schläft ein. Er ist der andere. Er ist das Denken des anderen.

Der Mensch denkt seine Gedanken. Er schläft während des Denkens. Er wacht auf im Gedachten. Er löscht sich aus im Denken. Er ist das Denken.

Der Mensch besitzt die Fähigkeit des Eintauchens in den anderen. Der Mensch schläft aber beim Eintauchen, wie das Kind, das noch nicht in dem Körper ist. Bewußtheit ist da, ohne Bewußtsein. Verstehen ohne Verstehenden.

Wo ist das Denken? Wo ist das Ich? Wo ist das Wo?
Alles Wo kommt aus dem Denken. Das Denken ist nirgends.
Das Denken ist überall. Nicht das Gedachte.

Das Ich ist es, das Grenzen hat. Das Ich ist die Grenze selbst. Das Ich ist das Gedachte, das Wahrgenommene. Das Erinnerte, die Vergangenheit. Das Spiegelbild.
Das Ich ist das wahre Ich. Es ist nicht Körper, nicht Seele, nicht Geist. Es ist das Ich, es ist Geist, es ist das Verstehen. Es ist überall. Überall schläft es. Am Körper spiegelt es sich. Es hat keine Grenzen. Es ist die Grenzenlosigkeit. Es ist das Unbegrenzte Verstehen, das Untertauchen in den anderen, das Untertauchen in das andere. Das Ich geht dem Bewußtsein voran.

Der Mensch erkennt die Welt. Die Welt ist das andere. Der Mensch nimmt das andere wahr. Das andere ist das Wahrgenommene. Dem Wahrgenommenen geht das Wahrnehmen voran.
Der Mensch schläft im Wahrnehmen. Der Mensch vergißt sich im Wahrnehmen. Je mehr er sich vergißt, desto besser nimmt er wahr.
Der Mensch löscht sich aus im Wahrnehmen.
Der Mensch ist doch gegenwärtig im Wahrnehmen; wer würde sonst wahrnehmen?
Der Mensch denkt nicht, wenn er Musik hört. Der Mensch vergißt sich bei der Musik. Je mehr er sich vergißt, desto besser vernimmt er die Musik. Nicht die Töne vernimmt er, sondern die Musik.
Die Töne sind, wo Musik nicht ist. Musik ist Strömen, wie Strahl, Wärme, Leben.
Die Worte sind nicht das Denken. Worte sind, wo Denken nicht ist. Denken ist Strömen, wie Strahl, Wärme, Musik. Worte sind, um das Strömen zu lenken, wie Steine im Bach.

Die Dinge sind nicht die Welt. Dinge sieht der Mensch. Dinge sind Buchstaben, Worte. Dinge sind, wo die Welt nicht ist. Welt ist Denken, Welt ist Musik. Welt ist strömendes Leben. Welt will gelesen werden, Welt will musiziert werden.
Anderenfalls bleibt sie Buchstabe, Note, Stein.

Der Mensch geht hinaus im Wahrnehmen. Er löscht sich aus, wird das andere.
Der Mensch hat die Fähigkeit des Eintauchens in das andere.
Wo ist das Ich?
Schlafend geht das Ich in das andere. Das andere ist nicht mehr das andere: es ist der Ort des Ich.
Das Ich ist in der Welt. Das Ich ist identisch mit der Welt. Auch der Körper ist Welt.
Der Mensch ist in der Welt. Der Mensch ist Teil der Welt.
Das Lesen ist übersinnlich. Das Lesen ist kein Abbilden. Das Lesen ist: von neuem Lebendig-Machen.
Der Mensch liest nicht die Buchstaben, nicht die Worte, nicht die Gedanken. Der Mensch kann den lebendigen Sinn lesen.
Lesen kann man Texte, lesen kann man Noten.
Lesen kann man die Dinge der Welt.
Der Mensch liest die Welt. Jegliches Erkennen ist Lesen, auch das anfänglichste Erkennen ist Buchstabieren.

Die erkannte Welt ist die erleuchtete Welt. Der Mensch erkennt die Welt.
Der Mensch erkennt sich: er ist ein Teil der erleuchteten Welt.
Das Licht der Welt durchleuchtet die Welt aus dem Menschen.
Er wurde Wohnsitz des Lichtes.
Das Sein ist Erkennen. Erkennen ist Sein.
Die Anderheit der Welt ist von derselben Art wie die Fremdheit der Gedanken des anderen.
Die Anderheit der Welt ist von derselben Art wie die Fremdheit aller Inhalte meiner Intuition.
Die ganze Welt des wahren Ich ist Fremdheit für das Ego.

Die Anderheit der Welt ist die Grenze für das Ego.
Die Anderheit der Welt ist das Ego.
Aber die Welt ist das Ich.
Das Ego sieht die gesehene Welt.
Im Sehen löscht sich das Ego aus.
Im Sehen schläft das Ego.
Im Sehen wacht das Ich. Es wacht den Schlaf des Ego.
Das Ego schläft das Wachsein des Ich.
Der Traum ist das Fremde. Das Gesehene ist fremd für das Ego.
Ohne die Fremdheit wäre das Ego nicht. Das andere ist um des Ego willen. Das andere hütet das Ego.
Das Ich schaut die Landschaft, den Himmel, den Baum.
Das Ego löscht sich aus. Die Landschaft, der Himmel, der Baum sind die Orte des Ich. Landschaft, Himmel, Baum sind: Ich.
Das Ich weiß nicht von sich selbst. Das Ich weiß nicht von Landschaft, Himmel, Baum. Das Ich ist Landschaft, Himmel, Baum. Es sieht das Ich nichts.

Das Ego sieht Landschaft, Himmel, Baum. Es weiß von Landschaft, Himmel, Baum.
Es weiß von sich selbst.
Das Ego erfährt die Welt und sich selbst.
Das Ego ist da, um Erfahrung zu werden.
Die Erfahrung ist da, damit das Erfahren Erfahrung wird.
Nicht für das Ego.

Das Ego entsteht nach dem Erfahren.
Das Ego entsteht an der Erfahrung.
Das Denken kann nicht Erfahrung werden für das Ego, nur das Gedachte.

Das Wahrnehmen kann nicht Erfahrung werden für das Ego nur das Wahrgenommene.
Der Mensch ist das Erinnerte, der Mensch ist die Vergangenheit. Das Bewußtsein bildet sich am Toten.

Der Mensch ist Individualität im Reich der Toten.
Das Denken ist Leben.
Das Wahrnehmen ist Leben.
Das Ego löscht sich im Leben aus.
Der Mensch schläft im Leben.
Der Mensch lebt den Schlaf des Lebens.
Der Mensch wacht im Tod des Lebens.
Der Tod ist nie Erfahrung. *Das* ist der Tod.
Die Erfahrung des Todes ist die Auferstehung. Das Leben.
Der Tod ist da, um Erfahrung zu werden.
Das Denken ist stetiges Sterben des Denkens.
Das Denken selbst ist Leben.
Das Wahrnehmen ist stetiges Sterben des Wahrnehmens.
Das Wahrnehmen selbst ist Leben.
Das Denken ist da, um erfahren zu werden.
Das Wahrnehmen ist da, um erfahren zu werden.
Im Erfahren wacht das Subjekt auf, – nicht das Ego.
Das wahre Subjekt braucht keine Grenzen. Es braucht nicht das Gedachte, das Wahrgenommene. Es braucht nicht das andere.
Das wahre Subjekt denkt nicht, fühlt nicht, will nicht. Es ist. Ich bin.
Der Mensch weiß nicht, wer er ist.
Er muß dieses Wissen wollen.

Nichts führt den Menschen weiter. Er ist der Denkende geworden.
Und alles Behaupten stammt aus dem Denken.
Es gibt von nun an keine Lehre für den Menschen.
Er muß es wollen.
Er kann das Denken nicht wollen, nur das Gedachte.
Er kann das Gedachte rein für sich, konzentriert, in seinem Denken wollen. Eine reine Idee.
Er kann sich konzentrieren auf eine reine Idee.
Die reine Idee ist durchsichtig und ohne Schatten. Sie existiert nicht, kann nicht erinnert werden. Wenn der Mensch sie nicht will, ist sie nicht. Sie lebt aus dem Willen des Menschen. Der Mensch schaut die reine Idee. Der Mensch schaut durch die reine Idee das Denken.

Der Mensch schaut in der reinen Idee das Denken. Nicht das Gedachte. Die Idee hat keine Vergangenheit. Sie lebt aus dem lebendigen Willen des Menschen.

Ist der Mensch klar, so schaut er das lebendige Denken.

Die Idee braucht nicht mehr gedacht zu werden. Sie ist schon gedacht. Sie will nur geschaut werden.

Wer das lebendige Denken schaut, ist das wahre Subjekt.

Das lebendige Denken ist Wille und Gefühl.

Das wahre Subjekt schaut das Lebendige.

Das wahre Subjekt sieht den Tod des Lebens.

Es ist das wahre Subjekt.

Das Leben ist Licht. Nicht Biologie.

Das wahre Subjekt steht nicht dem lebendigen Denken gegenüber. Dieses ist kein Gegenstand. Es ist identisch mit dem lebendigen Denken. Wie mit Landschaft, Himmel, Baum.

Das Licht durchscheint das Ich, die Welt, das Leben, das Denken, das Wahrnehmen.

Das Ego opfert sich für das Ich. Es ist das Ich.

Das Tote opfert sich für das Leben. Das Licht durchscheint den Tod, das Leben.

Das Denken wurde zurückgezogen von dem Toten, vom Gegenstand. Der Mensch verbindet sich nicht mit dem Fertigen, mit der Vergangenheit. Er ist anwesend beim Denken, gegenwärtig. Er gewinnt jetzt seine Gegenwart. Für gewöhnlich verschläft er sie und wacht auf in der Vergangenheit. Nur die Vergangenheit hat Zukunft. Die Gegenwart ist dauernde Anwesenheit. Dauernd: das heißt nicht in der Zeit. Denn die Zeit ist dauernder Tod. Die Gegenwart aber lebt.

Wer das Denken schaut, lebt. Wer lebt, braucht Grenzen nicht.

Wer keine Grenzen braucht, kann sich hingeben. An die Welt, an den anderen. An das lebendige Denken.

Alles ist aus dem lebendigen Denken gemacht. Wer sich hingibt an das lebendige Denken, der erkennt. Er erkennet alles wie sich selber, als sein Ich, als ein Ich. Hingabe ist Liebe. Lieben kann nur der Ich-bin.

Lieben kann nur, wer sich nicht fürchtet. Die Furcht braucht die Grenzen.
Individualität sein ohne Grenzen heißt: Individualität sein im Lebendigen, nicht im Toten.
Nur das Tote kann Besitz sein, nur das Tote braucht Besitz.
Mein ist der Gedanke, nicht das Denken.
Das wahre Ich hat nichts. Es ist alles. Haben kann nur, der nicht alles ist.
Das lebendige Denken gehört zur Welt. Gehört es dem Ich? Es ist die Welt. Es ist das Ich.
Das Schauen des Geistes ist Unmittelbarkeit, unmittelbares Erkennen. Vermitteln und die Vermittlung zugleich durchleuchten: ist Kunst. Das Erkennen ist so natürlich wie jede Kunst.
Die Kunst ist immer da; sie hat nur Hindernisse.
Hindernis für die Kunst sind die Finger, die Saiten, die Noten. Sie müssen alle durchsichtig werden: ausgeschaltet, wie das Auge nicht da ist im Sehen. Die Vermittlung ist das Hindernis. Die Wellen, durch die das durchsichtige Wesen undurchschaubar wird.
Werden die Hindernisse eliminiert, ist die Kunst da. Sie ist immer da.
Das größte Hindernis bin ich. Ist das Ich ausgelöscht, dann ist das Ich da. Die Welt ist da in ihrer Erleuchtetheit.
Erleuchtetheit ist die Ureigenschaft der Welt. Die Trübheit kommt durch den Menschen. Damit das Licht erscheine.
Die Hand muß anfangen, Hand zu werden am Klavier. Alles Gelernte, alles Geübte wird vergessen. Die Hand wird zurückgeführt dahin, worin sie urständet.
Das Denken wird zurückgeführt aus dem Gedachten zum Ursprung. Der Ursprung liegt im Menschen nicht vor. –
Der Ursprung ist aber im Menschen. Der Ursprung ist immer da.
Wenn kein Hindernis da ist, leuchtet er auf.
Das Licht kennt keinen Stillstand.
Der Geist ist dauerndes Verstehen. Es gibt gar nichts, das verstanden wird. Es gibt gar nichts, das verstanden werden könnte.

Das Bild der Welt ist das Bild des Menschen. Es gibt kein Bild der Welt, das nicht vom Menschen gesehen wird.
Die Welt ist immer die gesehene Welt. Das nicht gesehene Bild wird vom Menschen nicht gesehen, nur ausgedacht.
Das Bild ist schon Ergebnis des Schauens. Vor dem Schauen ist die Einheit. Ohne Schauenden kein Bild. Nur dunkle Einheit.
Der Mensch ist im Bild. Er löst sich aus dem Bild und wird Schauender. Das Bild verändert sich.
Wenn du sprichst, bist du es. Wenn du schweigst, bist du es.
Wie könntest du sein, ohne du zu sein?
Der Mensch schläft im Schauen. Er wacht im Geschauten. Das Geschaute ist schon gedacht.
Das Geschaute ist dem Menschen objektive Welt.
Das wahre Ich ist nie von der Welt getrennt. Es ist in der unmittelbaren Erkenntnis.
Das Ego ist die Trennung. Für das Ego ist die Welt unerleuchtet.
Das wahre Licht leuchtet in der Welt und in dem Menschen.
Es ist ein einziges Licht.
Wo die Grenze ist, wird das Licht zurückgeworfen. Von der Finsternis. Das gespiegelte Licht beleuchtet die Welt. Die beleuchtete Welt wird für den Menschen objektiv.
Das einheitliche Licht wird geschieden. Draußen bleibt das physische Licht, innen entsteht das Gedankenlicht.
Der Mensch zieht aus der Welt aus. Was zurückbleibt, ist die Räumlichkeit.
Der Mensch zieht aus der Gegenwart aus. Was zurückbleibt, ist die Zeit, die Vergangenheit. Diese läßt der Mensch zurück.
Der Auszug verändert das Bild. Der Mensch schaut das veränderte Bild. Das ist seine objektive Welt.
Die geschaute Welt ist die fremde Gottheit für den Menschen.
Er ist beim Schauen nicht da. Das Traumbild wird ihm fremd, göttlich, objektiv und unerkennbar.
Stückwerk ist die geschaute Welt. Der Mensch sucht den Zusammenhang. Je mehr Zusammenhänge er findet, desto mehr bleiben die Stücke. Der wahre Zusammenhang ist nicht zwischen den Stük-

ken. Stückwerk ist, was herausfiel aus dem Zusammenhang.
Erst ist die Musik. Dann die Takte, dann die Noten.
Erst ist der Sinn da. Dann die Gedanken, dann die Sätze, dann die Worte, dann die Buchstaben. Es gibt aber Beziehungen auch zwischen den Buchstaben.
Das Messen geschieht durch Wahrnehmen und Denken. Das Gemessene selbst ist Wahrnehmung.
Das Stück ist tot. Der Zusammenhang zwischen den Stücken auch.

Das Weltbild schafft der Mensch: das Wahrgenommene.
Die Gedanken schafft der Mensch: das Gedachte.
Das Buchstabieren verbindet das Wahrgenommene mit dem Gedachten. Ein anfängliches Lesen.
Die Idee ist schaubar, – nicht das Gedachte. Idee ist Bild.
Bild ist Idee. Alle Empirie ist schon Theorie.
Das Denken wird zurückgeführt zum Bildlichen, – nicht zum Wahrnehmungsbild.
Das Wahrnehmen wird zurückgeführt zum Schauen der Idee, – nicht zum Gedachten.
Lebendiges Denken ist Ideen-Bilden.
Lebendiges Wahrnehmen ist Bild-Idee-Schauen.
Wahrnehmen und Denken waren einst unmittelbares Erkennen.
Im Unmittelbaren ist der Mensch identisch mit der Welt.
Er ist nicht identisch. Er ist die Welt.
Die Identität ist immer da. Die Grenzen sind für das Ego.
Das Ego wird Erfahrung des Ich. Das Ich ist die Welt.
Die Identität ist immer da. Sonst wäre kein Erkennen. Nicht einmal im Stückwerk.

Der Mensch vergißt sein Denken, der Mensch vergißt sein Wahrnehmen. Er leugnet sein Denken durch das Denken, er leugnet das Wahrnehmen durch das Wahrnehmen.
Zugleich hält er das Wahrgenommene für objektiv, durch das subjektive Denken.
Er muß sein Leben verlangsamen. Alles macht er allzu rasch.

Dort ist der Baum.
Ich sehe: dort ist der Baum.
Ich denke, daß ich sehe: dort ist der Baum.
Ich denke: dort ist der Baum.
Dort ist der Baum.
Zu schauen ohne Gedanken ist nicht: zu schauen ohne Denken.
Wirklich wahrnehmen heißt durchleuchten das Wahrgenommene und zugleich das Wahrnehmen und den Wahrnehmenden. Dann entsteht das ganze Bild.
Das Denken gehört zur Welt. Der Mensch gehört zur Welt. Das Wahrnehmen gehört zur Welt. Das Erkennen gehört zur Welt.
Nichts ist außerhalb. Die Kunst gehört zur Welt. Wirkliches Erkennen ist Kunst.
So natürlich, wie jede Kunst.

Die Trübheit ist da, damit das Licht erscheine.
Das Licht erscheint, damit der Mensch das Licht schaue.
Zunächst sieht der Mensch das Beleuchtete, nicht das Licht.
Die Kunst ist aber, zugleich das Beleuchtende zu sehen.
Die Kunst ist: zugleich den Schauenden zu sehen.
Das ist die Wandlung.
Erst muß der Mensch bemerken, daß er im Denken schläft.
Erst muß der Mensch bemerken, daß er im Wahrnehmen schläft.
Erst muß der Mensch aufwachen. Nicht am Gedachten, sondern am Denken.
Erst muß der Mensch aufwachen. Nicht am Wahrgenommenen, sondern im Wahrnehmen.
Sonst wird ihm das Bild die fremde Gottheit, vor der er kniet.
Die beleuchtete Welt, die harte Welt, die äußere Gottheit stößt den Menschen zurück, zu sich selbst.
An der Härte lernt er Fühlender zu sein. Er lernt Erfahrender zu sein. Er lernt, daß er der andere ist.
Das harte Mineral ist seine erste Grenze.
Die harte Grenze erzieht ihn, Erfahrender zu sein über die Grenzen hinaus. Jede Grenze weist über sich hinaus.

Der ohne Grenzen ist härter als Diamant.
Das Harte ist nicht das Unmittelbare, es scheint es nur zu sein.
Das Unmittelbare ist unbegrenztes Leben.
Das Harte ist Folge der Unmittelbarkeit, die der Mensch zunächst verschläft.
So er sie verschläft, weiß er nur von der Härte der Welt.
Die Härte der Welt erzieht zur Liebe, zur immer größeren Liebe.
Die Liebe ist nichts Natürliches. Die Liebe braucht das Trübe, um es zu durchleuchten. Die Liebe braucht das Harte, um es zu durchglühen. Nur der Mensch kann lieben. Die Engel lieben nicht, sie sind schon alles. Nichts bleibt ihnen zu lieben.
Nur der andere kann geliebt werden. Damit die Liebe erscheine, ist das andere da.
Ist die Liebe da, so ist das andere nicht mehr.
Die Augen versiegeln die Identität und sehen das andere.
Die Augen erinnern an die Identität, indem sie das andere sehen. Im Sehen sind die Augen durchleuchtet. Das Licht durchleuchtet das andere.
Das andere, durchleuchtet, bin ich. Die Liebe verwandelt die Welt.
Erkennen ist kein Essen, sondern Lesen.
Erkennen ist metamorphosierte Identität.
Identität ist metamorphosiertes Erkennen.
Der Mensch ißt das Brot. Er wird dadurch Mensch und das Brot wird Brot. Die Wandlung ist vollbracht.

Über den Sinn des Seins

Die Bewußtheit ist noch kein Bewußtsein, weil sie noch nichts über sich selber weiß.
Die dumpfe Bewußtheit der Welt ist noch wirkende Identität mit der Welt, aber ohne Bewußtsein. Dazu war das Ausscheiden aus der Welt notwendig. Das Zerbrechen der Identität.
In abgeschwächter Form und nicht bewußt lebt die ursprüngliche Identität auch heute fort in jeder Erkenntnis.
Auch heute ist die Dumpfheit da in anderer Form. Der Mensch vergißt das Denken, vergißt das Wahrnehmen, weil er nur im Gedachten, im Wahrgenommenen wach ist.
Er beruft sich fortwährend auf das Denken, auf das Wahrnehmen, auch dann, wenn er sie leugnet durch das Denken und durch das Wahrnehmen. Er weiß, daß er alles durch sie gewahr wird. Er spricht aber nur dem Gedachten, nur dem Wahrgenommenen Realität zu und nicht dem Wahrnehmen, nicht dem Denken.
Wodurch anerkennt er einen Realitätswert? Durch das Wahrnehmen, durch das Denken, die er jedoch durch das Denken für irreal erklärt; – ein Spiel des Ego, das nicht statthaben könnte ohne die Möglichkeit der Immanenz des wahren Ich im Denken und Wahrnehmen.

In seinem Wahrnehmen versucht der Mensch wieder zur Einheit mit der Welt zu kommen.
Je mehr er sich im Schauen vergißt, desto besser sieht er.
Ist das reine Wahrnehmen dasselbe wie die ursprüngliche dumpfe Bewußtheit der Welt?
Das reine Wahrnehmen ist gewollt. Das reine Wahrnehmen

hat Hindernisse, und im Überwinden der Hindernisse entsteht das reine Wahrnehmen. Ohne diese Hindernisse wäre kein Wollen, keine Überwindung, keiner, der wollen könnte, – kein reines Wahrnehmen da. Die Hindernisse erwecken das reine Wahrnehmen.

Hindernis ist jede Vermittlung. Die Vermittlung ist da, um sich aufzuheben. Die Aufhebung ist ein Durchleuchten. Jede Kunst besteht in der Vermittlung und in der gleichzeitigen Durchleuchtung der Vermittlung.

Die Vermittlung ist da, um weggeschafft zu werden.

Die Körperlichkeit ist Hindernis des Schauens. Aber ohne sie wäre keiner da, der schaut.

Im reinen Denken, reinen Wahrnehmen durchschaut sich die Vermittlung selbst. Deshalb sind reines Denken und Wahrnehmen Kunsttätigkeiten. Das Erkennen ist die zentrale Kunst.

Die Wahrheit ist Wahr-heit: ALETHEIA = A-LETHEIA, das Nicht-Vergessen, Nicht-Auslöschen, das im Erkennen sich selbst nicht auslöschende Bewußtsein, vor dem im Erkenntnisakt nichts Verborgenes bleibt: auch der Erkenntnisakt ist unverborgen.

Die Wahrheit ist die absolute Unverborgenheit.

Die Unverborgenheit ist das ursprüngliche Licht. Ungespiegelt durchdringt es zugleich Wahrgenommenes, Wahrnehmen und Wahrnehmenden.

Das reine Wahrnehmen ist Anwesenheit, wie das Erfahren des lebendigen Denkens.

Anwesenheit ist reine Gegenwärtigkeit, in Zeit und Raum, Unvergangenheit. Sie kennt die Zeit nicht.

Weil sie die Zeit nicht kennt, kennt sie kein Gedachtes, kein Wahrgenommenes.

Und doch ist sie völlig konzentriert. Worauf? Es ist ein Zielen ohne Ziel. Ein erfülltes Leer-Sein, ein Da-Sein. Nichts anderes.

Langsam lernt der Mensch, wach zu bleiben in der Gegenwart. Ohne sich auf die Vergangenheit zu stützen, ohne sich an die Erinnerung an sich selbst anzulehnen, lernt er da zu sein. Da zu sein, nicht gegenüber der Welt, sondern in der Welt, worin er immer ist. Was die Zeit ist für die Vergangenheit, ist der Raum für das Gegenüber. Beide sind das Verlieren der Welt. Das Verlieren der Gegenwärtigkeit. Das Verlieren selbst. Verlieren: vergessen: verborgen-werden. Das Gegenteil von Wahrheit.

Zu lernen, leer und zugleich bereit zu sein, ist Kunst. Die Leerheit wird nie voll, und Bereitschaft geht nie in etwas anderes über. Sie dauern.

Nichts ist erfüllter als die Bereitschaft. Sie enthält die Allmöglichkeit. Sie ist Freiheit, die augenblicklich und dauernd von Freiheit zu Freiheit blitzt.

Das Gedachte ist da, um wieder gedacht zu werden.

Wieder gedacht, wird aus dem Gedachten Lebendiges, um gleich wieder zu sterben.

Das Auferwecken des Gedachten geschieht, wo Worte nicht sind. Zeichen sind da, um den Strom des Lebens dorthin zu lenken, wo sie nicht sind.

Der Sinn ist zwischen den Worten, zwischen den Zeichen, zwischen den Sätzen. Das Auferstehen des Gedachten ist Lesen.

Wo das Auferstehen nicht geschieht, dort ist kein Lesen, kein Denken, sondern ein Abbilden. Dort ist Rhetorisches.

Die Rhetorik ist äußerliches Verbinden der Zeichen. Die Zeichen lösen sich nicht auf und weisen nicht über sich selbst hinaus. Das Lesen selbst ist Überwindung der Zeichen. Das höhere Lesen ist Überwindung des Lesens. Die Vermittlung wird von Stufe zu Stufe weggeschafft.

Es gibt nur wenige Menschen, die einen Text wahrlich lesen können. Es gibt eigentlich kaum noch Menschen, die das Wahrnehmungsbild lesen können. Selbst der Anspruch, daß Wahrnehmungen nur gelesen weden können, ist vergessen.

Tatsachen, objektive Wirklichkeit, unabhängig vom Wahrnehmenden, unabhängig vom Lesenden – wenn auch noch so primitiv lesend –, das ist das nicht-erkannte, nicht durchleuchtete Vermitteln, von dem der Mensch nicht weiß. Er kennt nur das Erkannte, das Ergebnis des Erkennens. Das Erkennen bleibt ihm unerkannt.

Die Numinosität der äußeren Gottheit rührt von der Unabhängigkeit ihres Erscheinens vom Menschen her.
Die Numinosität der objektiven materiellen Welt stammt aus dem Verschlafen ihres Erscheinens.
Die Erscheinung ist das verschlafene Erscheinen.
Die immerwährende Identität verschläft der Mensch, weil sie auf einer Ebene währt, wohin sein gewöhnliches Bewußtsein nicht zu dringen vermag. Es erscheint ihm nur der Traum; unbeeinflußbar, wie eine Gottheit. Ein Numen.
Der Mensch weiß nichts von seiner Identität mit dieser Gottheit.
Der vorchristliche Mensch wußte nichts von seiner Identität mit der Welt, aber aus einem anderen Grunde: Es war noch keiner, der über Identität hätte wissen können. Er war noch identisch: ungeschieden, ungeboren.
Der moderne Mensch weiß über sich selbst, auch wenn er sich selbst und dieses Wissen leugnet und verleugnet. Er weiß über die Identität nichts, weil er sein Bewußtsein der Zerstörung der Identität verdankt.
Indem er die Vermittlung nicht durchleuchtet, nicht durchschaut, betet er die falsche Gottheit an.
Die Gottheit des antiken Menschen war noch Geist: wahre Gottheit also. Die Gottheit des modernen Menschen, die er gar nicht als ein Numinoses durchschaut, ist von ihm selbst aufgerichtet: ein Idol. Er gibt ihm Leben – sein eigenes. Er verleiht ihm Geist – seinen eigenen. Aber er bemerkt es nicht.
Diese Idolatrie der objektiven Wirklichkeit ist ein erster Schritt.
Es folgt die Anbetung des Bösen.
Das Idol des modernen Menschen ist scheinbar moralisch neutral. Aber der Blick auf seine Wirkungen lehrt anderes: der Mensch wird entmenschlicht durch diese Religion. Er wird selbst zu dem, was er als Welt erkennt.

Erst hält er sich für Stoff, dann wirkt dieser Glaube Wunder: er hört alsbald auf, Mensch zu sein.
Wenn er sich bewußt wird, daß diese seine Welt ihm nichts Gutes bringen kann, daß diese seine Welt, wie er sie sieht, nichts anderes als Verderben auf Verderben birgt, wird er sein Haupt vor einer Gottheit beugen, von der er weiß, daß sie böse ist.
Jeder Mensch hilft mit. Jeder baut an der technischen Welt weiter, produzierend oder konsumierend. Er kann nicht anders.
Er weiß aber aus Erfahrung, daß ihm aus dieser Welt der Technik nichts Gutes zukommt. Indem er in dieser Welt lebt, bejaht er sie und ihr böses Idol, wenn er sie nicht gleichzeitig mit ihrer Bejahung durchleuchtet: als dasjenige erkennt, was sie in Wahrheit ist, wenn er also nicht die Kunst des Erkennens ausübt.
Die ganze Welt wartet auf diese Gebärde, auch die Welt der Technik.

Das Erlösen der Welt ist ihr Erkennen in der Wahrheit.
Alles Erkennen ist Zauber. Das unvollkommene Erkennen verzaubert. Die Welt ist immer die erkannte Welt.
Das Weltbild wird vom Menschen gemacht. Es gibt kein anderes Bild der Welt.
Der Mensch gehört aber selber der Welt an. Damit gehört auch sein Erkennen der Welt an. Das Weltbild ist unvollkommen und verzerrt, wenn ein Element, das zu ihm gehört, nicht im Bild erscheint.
Der Mensch erkennt heute so, als ob er außerhalb des Weltbildes stehen würde; dieses, meint er, ist auch ohne ihn, ohne sein Erkennen da, er schaut das Fertige an.

Andererseits denkt er, er gehöre ganz zur erkannten Welt und gleiche ihr. Diese seine Welt enthält aber nichts, was einer Erkenntnis fähig wäre, nichts, was erkennen könnte.
Das Wort gehört zur Welt, auch der Begriff, die Idee, der

Gedanke; auch wenn der Mensch in der Illusion lebt, die Welt sei fertig da ohne Begrifflichkeit.

Einst war die Ideenwelt – die Geistigkeit – für den Menschen die Realität. Die ideenlose Sinneswelt war ihm Schein. Heute ist die ideenlose Sinneswelt für den Menschen die Realität. Das Ideelle ist ihm höchstens Ergebnis des Nicht-Ideellen, ein Hauch.

Das Nicht-Ideelle wird vom Menschen durch Ideen erkannt als Nicht-Ideelles. Ist dieses Nicht-Ideelle letztlich nicht eine Idee?

Nichts anderes ist erkennbar für den Menschen als Begriffliches, Ideelles.

Auch der Stoff ist eine Idee.

Die Begrifflichkeit im Menschen ist erstorben, eine Vergangenheit. Deshalb erscheint sie ihm so luftig, hauchartig.

Sein Bewußtsein ist ein Bewußtsein für die Vergangenheit. Kein Leben dringt in dieses ein.

Er aber, der nicht vergangen ist, kann das Vergangene, Gestorbene schauen. Er kann aber dieses Schauen, das er immer ausübt, vergessen. Dann verkauft er seine Freiheit für ein Linsengericht, für die Sinnes-Realität, welche die Alten noch als die Schein-Welt erkannt haben. Der toten Begrifflichkeit drinnen steht die feste, harte Realität draußen gegenüber, die Welt der Gegenstände, die Welt also der toten Gegenstände, die von äußeren subjektlosen, aber berechenbaren Kräften berechenbar bewegt werden, – die Welt der Physik.

Im Gegenüberstehen gegen den Gegen-Stand könnte der Mensch sich als Gegenüberstehender erkennen; er könnte das Gegenüberstehen selbst schauen und im Erschauen zur Freiheit übergehen. Er kann aber auch das Erfahren an der Erfahrung vergessen und seine Freiheit verkaufen: er selbst tritt in den Bereich der Berechenbarkeit herein – als ein Gegenstand.

Im alten dumpfen Bewußtsein, in der Bewußtheit, waren noch beide, Denken und Wahrnehmen, lebendig und einig.

Einig, deshalb lebendig. Lebendig, deshalb den Menschen bindend. Die Freiheit war nicht möglich.

Das Weltbild der dumpfen Bewußtheit wandelte sich in die Welt der Gegenstände, in die Welt der Tatsachen, die dem Menschen gegenübersteht. Er ist aus der Welt herausgefallen. Er ist aus der Ewigkeit herausgefallen, er ist aus dem wahren Raum herausgefallen. Deshalb entsteht ihm jetzt die Zeit, der abstrakte Raum und die ihm darin gegenüberstehende Welt.
Aus dem lebendigen Weltbild, aus der Welt, die die durchleuchtete, lebendig erkannte Welt war, begab sich die Lebendigkeit in das Wahrnehmungsbild, begab sich das Verstehen in die Gedankenwelt des Menschen. Das tote Denken vermag aber das Leben in der Wahrnehmungswelt nicht zu erkennen. Es ahnt das Leben dort draußen, es ist immer auf der Suche nach ihm. Es betet dieses nicht erkannte, dieses nie erreichte Leben an: als die objektive Welt des Stoffes.
Der Gegenstand ist metamorphosierter Geist. Der Gedanke ist metamorphosierter Geist. Die Metamorphose ist da, um der Freiheit Platz zu geben.
Freiheit jedoch bleibt bloß Möglichkeit, solange Gegenstand und Gedanke sich im Menschen wieder lebendig vereinigen. Es gibt aber keine bleibende Möglichkeit. Jede Möglichkeit vergeht. Je älter sie wird, desto schwieriger wird sie aufgefunden. Je mehr sie vergangen ist, umso schwieriger wird es sein, sie wieder aufzufinden. Kunst kann verloren gehen.

Das Leben im Geiste, das reine Wahrnehmen ist der Musik ähnlich.
Der Musiker entzaubert die Noten, das Instrument, seine Hand, seinen Atem. Er liest und entzaubert, indem die Funktionen seines Körpers und die des Instrumentes in ein Zusammengestimmtsein kommen, das nicht vorschreibbar, auch nicht analysierbar ist.
Zum Musizieren gehört das Hören der Musik: das Hervorbringen und Hören durchdringen sich. Das Hören ist schon Produzieren, indem es das Hervorbringen zugleich wahrnimmt und regelt. Das Hervorbringen und Erkennen wirken gleichzeitig und einheitlich. Sie sind eine und dieselbe Tätigkeit.

Diese musikalische Schöpfung geht dann ihren Weg zum »passiv« Hörenden. Ist dieser musikalisch, d. h. lesend, so kommt die Musik an. Vermag er aber nicht oder nur unvollständig zu lesen, dann verzaubert er die Musik zu Ton. Akustik, Zusammenklang. Beim Unmusikalischen kommt nur das Geräusch an. Für den Wissenschaftler, der seine Musikalität unterdrückt oder verdrängt, kommen bloß Schwingungen an. Für ihn wäre schon der Ton ein Gelesenes. Sein Grundsatz ist jedoch: nicht zu lesen. So bemerkt er nicht, daß auch die Schwingungen, die er dem Ton unterlegt, gelesen werden müssen, um überhaupt zu sein. Alle seine Wahrnehmungen, durch die er seine Schwingungen beweist, enthalten immer wieder das Element, das er durch sie erklären will, und sind viel komplizierter als die Schwingungen selbst. Er verstellt sich. Er tut so, als ob er nicht lesen könne – solange, bis er es wirklich vergißt.

Was als Musik geschaffen wurde, verändert sich nicht im Raum, der es aufnimmt und überträgt. Es verändert sich nur durch den Menschen: durch sein Nicht-Verstehen. Was im Raum zu schwingen scheint, ohne Meister, ist Musik – immerfort Musik. Was sollte sich an der Musik, die im Hören lebt, unhörbar verändern?

Das Hören der Musik ist nicht wie das Hören der Worte.

Worte werden zu Gedanken gelesen. Gedanken werden gegebenenfalls zu einem übergedanklichen Sinn gelesen.

Musik wird nicht durch Gedanken, durch Denken zu einem Sinn erhoben. Musik wird nicht gedeutet, wie eine Wahrnehmung. Sie wird nur gehört.

Im Hören wird nicht gedeutet, es gibt kein Gegenüberstehen. Nicht wir sind da, nur die Musik: das sind wir. Das Übergedankliche wird gehört; wirkliches Hören ist ein allerhöchstes Verstehen, ein reines Wahrnehmen.

Was der Mensch nicht vollständig lesen kann, wird zu Zeichen, Buchstaben, Noten, Tönen; hinter ihnen verbirgt sich die volle Wirklichkeit. Für den Nicht-Lesenden sind die Zeichen aber selber Wirklichkeit, während sie für den, der lesen lernt, Samen sind, die in ihm aufgehen. Er vermag langsam aus den harten Körnern das schlafende Leben zu entzaubern.

Das Hören geschieht nicht mit dem Ohr. Für ein »nicht hörendes« Ohr singt der Sänger umsonst.
Das Hören geschieht nicht in der Zeit. In der Musik gilt das Nacheinander nicht. Immer ist das Vorangegangene da, immer auch das Zukünftige, sonst ist es keine Musik. Je weiter nach hinten und nach vorne meine Gegenwart reicht, ein umso besserer Musiker bin ich.
Das Hören geschieht natürlich in der Zeit. Durch das Hören wird die Zeit auch aufgehoben.
Kunst und Realismus sind Gegensätze. Naiver Realismus ist nur möglich, wenn das Wahrnehmen völlig unkünstlerisch wird. Jeder »objektive« Realismus ist naiv. Alles Gegenüberstellen von Sein und Erkennen, von Leben und Wissen ist Realismus, ist Lüge: durch das Erkennen behaupte ich das Sein, durch das Erkennen leugne ich das Erkennen.
Gegenstand, Tatsachen, Dinge sind da, weil ich nicht lesen kann, weil ich sie nicht zur Auferstehung führen kann, weil ich nicht bemerke, daß sie Zeichen sind, – weil ich »unmusikalisch« bin.
Der Körper ist Hindernis für das Schauen, aber ohne ihn wäre keiner da, der schaut.
Könnte ich ganz musikalisch sein beim Schauen, beim Riechen, beim Schmecken, würde mir die ganze Welt als lebende Musik aufgehen. Es gibt keine vergangene Musik; wie es kein stehendes Licht gibt, es quillt immer.
Ob Musik, ob Bild, jede Kunst führt zum Leben. Nicht zum toten Bild des Lebens (gewöhnlich als Leben bezeichnet), sondern zum wahren Leben, das zugleich Licht ist.
Kein gespiegeltes totes Licht, sondern dasjenige, das Erkanntes und Erkennendes zugleich durchleuchtet.
Was ist die Realität der Musik? Wo ist die Realität der Musik?
Im Menschen? Außerhalb des Menschen?

Die Realität der Welt ist der lebendige, übergedankliche Sinn, der in jedem Zeichen verzaubert wartet, um zum Leben erweckt zu werden.
Verstehe, wie wahres Erkennen Kunst ist, eine versunkene Kunst!
Das reine Wahrnehmen ist für die Welt und für dich, was das musikalische Hören für die Musik und für dich ist.
Verstehe, was du aus der Welt machst, wenn du sie *nicht* durch das reine Wahrnehmen schaust!

Was ist der Sinn der Musik?
In der Frage hat nur das Fragen Bedeutung und Sinn.
Die Antwort ist nicht nötig. Sie liegt im Musizieren.
Die Frage ist nur möglich vor dem Musizieren.
Die Antwort ist das Aufhören der Frage im Musizieren.
Es gibt keine Antwort außerhalb der Musik.
Der antike Mensch hatte mehr Sinn als wir. Erkenntnisprozesse waren ihm das Atmen, das Essen, der Geschlechtsakt. Erkenntnisorgane waren ihm Herz, Niere, Lunge.
Im reinen Wahrnehmen wird der ganze Mensch Auge, Gehör, Denkorgan.
In der antiken Welt war das *Bewußtsein* der Identität mit dem Weltall Mysterien-Erkenntnis. Auch heute ist es so, aber vom anderen Pol her.
Was ist also der Sinn des Seins?

Das Licht der Erde

Die Erde

Die Erde ist das, was wir sehen. So, wie wir sie sehen, ist sie.
Unser Sehen und die Erde – sie sind nicht zu unterscheiden; sehen wir die Erde nicht, so sehen wir gar nichts.
Die Erde existiert in unserem Bewußtsein; alles, was wir wahrnehmen, worüber wir wissen, ist in unserem Bewußtsein. Wir selber auch.
Dieses Sehen ist nicht subjektiv: da könnten wir doch beliebig sehen, das Weiße z. B. schwarz oder gelb. Es hätte dann aber keinen Sinn, von einem Weißen, Schwarzen oder Gelben zu sprechen.
Das Sehen ist objektiv. Es ist ein Weltenprozeß: die Welt bringt das Sehen hervor. Die Welt sieht sich durch den Menschen.
In dem aber, was wir Erde nennen, ist das Sehen selbst nicht enthalten. Die Erde wird erschaut durch das Sehen.

Die Himmel

Das Erkennen ist nicht von dieser Welt, nicht von der Erde; durch das Erkennen wird die Erde diese weltliche Welt. Es ist Himmelsgeschenk, seine Heimat ist der Himmel. Wäre es von der Erde, so könnte es die Erde nicht erkennen. Der Mensch ist dadurch ein Kind des Himmels. Durch sein nicht-erkennendes Wesen ist er Kind der Erde. Durch seine Seele verbindet er Himmel und Erde, insofern er wirklich Mensch ist. Wenn man von höheren Erkenntnisarten spricht, so meint man damit die Himmel; den ersten, zweiten und dritten Himmel.
Indem der Mensch die Erde sieht, ist er Himmel. Wäre er selber Erde, so könnte er die Erde nicht sehen. Er hat Anteil an der Erde, sonst würde er die Erde nicht sehen. Er hat Anteil an dem

Himmel, sonst würde er überhaupt nicht sehen. Könnte er nicht sehen, würde er nicht Mensch sein. Er würde nicht sein. Mensch ist er, solange er die Erde sieht.

Das Gesehene

Das Sehen gehört noch ganz zum Himmel. Wo das Sehen zum Stillstehen kommt, wo es nicht mehr durchdringt, ist Erde. Wo das Licht aufprallt, gespiegelt wird, erscheint das Gesehene, der Schleier.

Nicht Finsternis: Sie könnte vom Licht nicht erhellt werden: es sei denn, daß sie aufhörte, Finsternis zu sein. Es ist das Spiel von Licht und Finsternis: die Erde, die Farbe. Das Trübe, auch aus Licht und Finsternis gemischt, ist der Mensch: er ist das Prisma, durch das die Farben gesehen werden, die Mannigfaltigkeit. In ihm geschieht die Wandlung: So hat die Erde selbst Lichtnatur. Das Gesehene ist verwandt mit dem Licht, sonst wäre es nicht sichtbar. Die Natur der Erde ist die Sichtbarkeit.

Das menschliche Sehen aber dringt nur bis zur Oberfläche: bis zum Schleier. Denn in ihm zerbricht das Licht, wird Form, wird Oberfläche, wird in ihm Welt: es erscheint. Es erscheint die Welt, die gesehen wird, die beleuchtet ist: es erscheint das Licht auf dem Hintergrund des menschlichen Nicht-Erkennens, in der Finsternis.

Daß das Sehen nicht durchdringt, daß ein Schleier entsteht, hat seine Ursachen im Menschen. Er hält fest am Himmelsgeschenk, gibt nicht alles hin, gibt sich nicht ganz hin: er will sich selbst noch empfinden dabei. Deshalb dringt sein Sehen nur an die Grenze. Das ist das Gesehene, die Grenze des Sehens, das an sich grenzenlos wäre, wie es der Himmel ist. Reine Durchsichtigkeit: das wahre Licht.

Das wahre Licht

Das wahre Licht beleuchtet nichts, es ist alles selber. Der Mensch kennt dieses Licht nicht, weil er aus ihm ist. Reine Durchsichtigkeit: ein Verstehen ohne Gegenstand, ohne Subjekt, reines Geschehen: das Wort. Auf der Erde bedarf es eines Subjektes und eines Gegenstandes, damit zwischen diesen das Zeitwort oder das Prädikat sich ausspannen kann. Um zu erscheinen, um zu scheinen. Das wahre Licht erleuchtete alles, alle Menschen – nicht nur, daß sie Erscheinende werden und daß sie alles und es selbst zu erkennen vermögen, sondern es erleuchtet sie: es setzt sie in das Licht, in das Sein, daß sie sind, ist ihr Licht. Daß die Erde ist, ist ihr Licht. Daß die Erde ist, ist aber auch ihre Finsternis. Und selbst die Finsternis wird durch das Licht erkannt. Wir sehen die Finsternis, weil wir am Licht einen Anteil haben.

Das Vorspiel

Alles, was auf irgendeiner Stufe erscheint, ist Vorspiel eines höheren Erkennens, Schleier, der sich uns zeigt, damit wir nicht geblendet werden von dem, was hinter ihm sich verbirgt; Schleier, woran unsere Erkenntniskräfte und unser Ich heranreifen: zu schauen das, was er verdeckt.

Alles, was erscheint, ist Buchstabe: mit einem höheren Lesen zu ergreifen, das sich loslöst von den Formen der Buchstaben: vom Schleier. Die Buchstaben, als gegebene Formen, sind Schleier, verdecken das Wort; die Buchstaben, durch das Entsagen des Lesenden gegenüber ihren Formen, leiten zum Wort.

Erst ist das Wort, dann die Buchstaben: seine Zeichen.

Zeichensprache ist die ganze Welt; es wird nur nicht bemerkt, daß sie Zeichengewebe ist. Der Welt zu unterliegen heißt, sie als letzte Realität, als Dinglichkeit zu nehmen: ohne Lesen.

Alles, was erscheint, ist Schleier. Alles, was in uns nicht liest, ist

Körper. Wo wir lesen, sind wir Sinnesorgan. Der ganze Körper könnte Sinnesorgan werden. Auf jeder Erkenntnisstufe ist dem Menschen ein Leib notwendig.

Das Nachahmen

Wir nehmen so wahr, daß wir dem Wahrgenommenen mit feiner innerer Bewegung folgen. Eine äußere Bewegung wäre Wirkung, Einwirkung auf uns, kein Wahrnehmen, kein Erkennen. Gerade darin besteht Erkennen, daß wir dem zu Erkennenden mit unseren feineren Organismen folgen: wie dem Gedanken eines anderen mit unserem Denken. Wir ahmen nach, und durch unsere nachahmende Gebärde erkennen wir. Erkennen ist in diesem inneren Nachahmen.

Einer Bewegung folgen wir mit Augen, Bewegungssinn und Aufmerksamkeit. Einem Sprechen folgen wir mit der inneren Sprache unseres ganzen Bewegungsmenschen. Der Musik folgen wir nicht mit äußerer Gebärde, obwohl sie dazu verlockt, sondern mit innerem Bewegtsein und Gleichgewicht; dem Gesang mit innerem Gesang. Je mehr äußerliche Bewegung angefacht wird, desto weniger Verstehen ist da.

Die Nachahmung hat verschiedene Stufen: sie ist eine Fähigkeit. Gewöhnlich erleben wir da, wo sie aufhört, den Widerstand unseres Eigenwesens. An diesem Widerstand erkennen wir im Alltag. Es kann bewußt werden die Nachahmung der Mimik der Welt oder die ihrer Gebärden. Im dritten Himmel nehmen wir ihre Physiognomie ganz auf.

Die Wandlung

Die Imitatio ist erkennendes Nachahmen. Sie führt zur Verwandlung in denjenigen, den wir sehen. Sie ist keine Mimikry: das Tier erkennt nicht die Farbe, die es annimmt. Das ist eine

Immutatio naturalis. Während im Auge, das die Farbe sieht, eine Immutatio spiritualis geschieht: eine »Intendierung« – Hinlenkung – : das Auge nimmt nicht die Farbe an, es sieht sie: es wird durch die Farbe affiziert per modum intentionis.
Der Mensch bleibt jedoch nicht unberührt von dem Gesehenen. Sein feinerer Organismus, Seele und Geist, womit er »nachahmt«, werden ähnlich dem, was er erkennt. Je vollständiger er erkennt, desto mehr wird er derjenige, den er erkennt. Es heißt deshalb: »Wir alle spiegeln mit aufgedecktem Angesicht die Herrlichkeit des Herrn wider, uns metamorphosierend in dasselbe Bild von einer Herrlichkeit zur andern, durch den Geist des Herrn.« (2. Kor. 3, 18)
»Meine Lieben, wir sind nun Kinder Gottes; und es ist noch nicht in die Erscheinung gekommen, was wir sein werden. Wir wissen aber, wenn es in Erscheinung tritt, wir werden ihm gleichen; denn wir werden ihn sehen, wie er ist.« (1. Joh. 3,2)
In Dantes *Paradiso* ist es der Grad des Sehens, der den Grad des Seins, die hierarchische Stufe der Engelwesen und auch der seligen Menschenwesen bestimmt. Er selbst wird, hingegeben im Schauen an die ewige Licht-Quelle, durch die die Welt in ihrem Bestehen erhalten und erleuchtet bleibt, von derselben kosmischen Kraft durchdrungen und bewegt, welche auch die Sonne und die Sterne auf ihrer Bahn in Bewegung hält: die Erste Liebe.

Die Identität

Das Erkennen, die Nachahmung kann immer nur von obenher erfolgen. Das Erkennen ist nur möglich, weil eine vollständigere Erkenntnis (und Nachahmung), hinter allen Schleiern, existiert. Über alle Erkenntnisstufen hinaus ist die Identität da, als höchste Einigkeit von Erkennendem, Erkennen und Erkanntem. Die Verwirklichung dieser Einigkeit und das Wissen davon zugleich: das ist der Weg.
Der Weg ist die Herstellung des vollständigen Sehens. Nicht

das Sehen des Menschen! Wenn der Mensch meint, es gäbe eine andere Art von Sehen als die menschliche, dann träumt er durch sein Sehen, durch seine Art von Erkennen über ein anderes Sehen, vergessend, daß er sich dieses durch seine Vorstellungsart vorstellt.

Das Sehen ist das Sehen Gottes, das Sehen der Welt. Er schaut sich; sie schaut sich durch uns: Dieses Sehen hat uns erschaffen und schafft uns täglich. Aus diesem *einen* Sehen fallen wir heraus, Eigenwesen durch die Finsternis in uns. Aus diesem einheitlichen Licht leben wir, an diesem nehmen wir teil, insofern wir sehen: insofern wir Menschen sind. Deshalb heißt es: »Wir sehen jetzt durch einen Spiegel in Rätseln, dann aber von Angesicht zu Angesicht. Jetzt erkenne ich aus Stücken, dann aber werde ich erkennen, wie ich erkannt werde.« (1. Kor. 13, 12) – »So sich jemand dünken läßt, er wisse etwas, der weiß noch nichts, wie er wissen soll. So aber jemand Gott liebt, der ist von ihm erkannt.« (1. Kor. 8, 2-3)

Das Gesehene

Das Gesehene ist nicht die Ursache des Sehens, sondern das Ergebnis des Sehens. Das große Vergessen deckt dies zu. Wir meinen, was wir sehen, sei schon früher da; bevor wir es sehen. Jemand aber hat es schon gesehen, sonst wüßten wir nichts darüber. Erst haben wir (oder ein anderer) den Stein gesehen, dann sagen wir, er ist die Ursache, daß wir ihn sehen.

Das Erste Sehen ist immer vergessen. Wir mußten ihn schon gesehen haben, sonst könnten wir über ihn nicht etwas aussagen: wir wüßten nicht einmal, daß er da ist. Dann aber könnten wir auch nicht behaupten, er verursache, daß wir ihn sehen. Denn der Stein und unser Sehen ist ein einziger kosmischer Vorgang: seine Sichtbarkeit und unsere Sicht.

Ein jeder Stein hat sein Licht. Dieses Licht ist der Stein selbst. Jedes Sein hat Erkenntnischarakter: die Welt ist logosgeschaffen. Die Natur der Welt ist Licht-Natur. Dieses Licht schaut das Erste Sehen.

Das Erste Sehen

Das Erste Sehen wird von dem Menschen nicht erlebt, es wird verschlafen: er wacht im Zweiten Sehen auf. Er sagt: Dort ist die Welt. Er meint damit: Hier bin ich. Die Trennung ist schon geschehen, die Herauslösung aus erkennender Identität. Die Spuren dieser Identität sind erfahrbar. Das kleine Kind sagt nicht: Dort ist die Rose. Es sagt höchstens: Rose. Oder es sagt nichts, nur sein Auge glänzt.
Das Erste Sehen ist ganze Nachahmung, ist Identität. Ein Leben in Gottes Schoß, kein Getrenntsein. Das Wahrnehmen ist noch nicht getrennt vom Denken, beide sind noch kosmisches Leben – kosmisches Bewußtseinsleben. Nicht Eigenbewußtsein. Ein einziges Atmen, ohne einen Atmenden, ohne etwas zu atmen. Leben in lichterfüllter Lebendigkeit, unter dem Baum des Lebens, in der Ersten Liebe, die von Gott zur Schöpfung und zurückstrahlt und ein einziger Strahl ist, ohne Spiegelung, ohne Änderung seiner ursprünglichen Richtung. Ein reines Sein.
Zwischen dem Ersten und dem Zweiten Sehen ist der Sündenfall. Das Eigenwesen des Menschen wird geboren, die Welt zerbricht, das Erste Licht zerbricht. Die Erste Liebe geht verloren.

Die Sinne

Der Mensch war ursprünglich ganz Sinnesorgan. Die Erste Liebe hat ihn durchstrahlt, sie wurde nicht aufgehalten. Er war ganz Lichtorganismus. Das Trübe entstand am Menschen durch den Sündenfall. Das eine Sinnesorgan zerbrach – sein Körper wurde undurchsichtig: undurchlässig für die Erste Liebe. Die Stellen, die etwas von den kosmisch-schöpferischen Strahlen

aufhielten, sind die heutigen Sinnesorgane. Wo kein Sinnesorgan ist, geht die Strahlung durch. Da schläft aber der Mensch – wie einst. In den Sinnesorganen ist er wach. So bauen die Sinnesorgane den Menschen: wo sie nicht sind, geschieht Aufbau. Die Sinnesorgane bedingen die Struktur des Menschen. Der Körper ist immer, auf jeder Stufe, der Träger der Sinnesorgane. Deshalb gibt es irdische und auch himmlische Körper. Ohne Körper würde der Mensch kein Erkennender sein. Auf keiner Stufe des Seins – des Erkennens.
Aus dem Träger der Erkenntnisorgane kann Selbstzweck werden: dann dienen die Erkenntnisorgane dem Körper. Dann ist der Körper wie ohne Sinne: da der Mensch seinen Körper spürt, mit introvertierten Sinnesorganen. Sein Fühlen wird Selbst-Fühlen, wird Gefühltes, statt Fühlendes zu sein: er fühlt sich selbst, statt die Welt zu fühlen. Die Welt: seinen Leib, auf jeder Stufe, nicht bloß den physischen Leib.

Die geistige Welt

Die geistige Welt liegt nicht etwa hinter den sinnlichen Erscheinungen, sondern *vor* dem Sinnlichen, vor der Erde. Vor dem Erkannten, bevor es Erkanntes wird: in dem Erkennen selbst. Da ist noch das, was später Erkanntes wird: nicht Erde, sondern Himmel. Wir durchlaufen immer die ganze Strecke: vom höchsten Himmel bis zur Erde. Nur auf der Erde wachen wir auf. Die Erde ist unser Wachbewußtsein. Im Schlaf, im Tod, im Ersten Sehen, im Ersten Denken, in der Ersten Liebe entrücken wir in den Himmel – im Tode dauernd, im Ersten Erkennen für einen Augenblick. Wir suchen die Erde, sie ist unser Boden, wo wir uns selbst finden können. Zuerst als Subjekt, dem Objekt gegenüber; dann einmal vielleicht als denjenigen, der Subjekt und Objekt ursprünglich unterscheidet und so etwas sagt. Er muß ja über diesen Unterschied erhaben sein. Er ist der Erhabene in uns. Wir finden ihn, wenn wir allem entsagen können, was *unser* ist: allen Taten, allem Wissen, allen Gefühlen, allen Relationen zur Welt, zu den anderen, zu uns selber – damit der Eigentümer rein und nackt erscheine, nicht das Eigentum. Wir müssen dazu auch all dem entsagen, was nicht unser Eigentum ist, wozu wir kein Verhältnis haben, wenn wir meinen, daß es so etwas gebe. Der Erhabene in uns braucht keinen Boden, keinen Träger: er ist das Fundament. Daher kann er im Sehen stehenbleiben, ohne zu einem Gesehenen hinzustreben. Daher kann er im Denken stillstehen, ohne ein Gedachtes anzustreben. Er kann stehenbleiben im Geiste, in den Himmeln: er fällt nicht auf die Erde. Er schaut sie an. Und sie enthüllt ihm ihr eigentliches Wesen: daß sie die letzte Stufe der Himmelsleiter ist, der unterste Himmel. Was aus den oberen herausgefallen ist: mit dem Menschen – er ist nicht von der Erde zu trennen.

Mit diesem Sehen wird daher die Erde wirklich wieder Himmel.

Das Licht der Welt

Nun schauen wir die Erde und sehen sie. Wir schauen sie und sehen sie durch unser Erkennen, durch das Licht. Wir schauen und sehen aber zunächst unser Erkennen und das Licht nicht. Unser Erkennen und das Licht sind eine Einheit, wie wir selbst mit der Erde eine Einheit sind. Das Licht, wodurch wir sehen, ist das Licht der Welt. Es scheint in unserer Finsternis, es beleuchtet die Erde. Das Licht der Welt ist das Licht der Erde.

Die Erde beginnt langsam Sonne zu werden, sie beginnt zu leuchten. Die Sonne in uns ist unser Denken: es kann sich selbst schauen, braucht keine Beleuchtung von außen her und kann solche auch nicht haben.

Die Sonne draußen gehört zur Erde. Wir meinen heute, die Erde gehörte zur Sonne. Das ist solange so, als dem Menschen seine Sonne, sein Licht nicht erscheint: in seiner Finsternis. Provisorisch wurde die Sonne von der Erde getrennt – um der

menschlichen Finsternis Raum zu schaffen – provisorisch. Damit der Mensch Raum hat, irgendwohin sein eigenes Licht zu schicken und dies Licht, sein Erscheinen zu bemerken. Dann kann er wahrlich sagen: das Ich-Bin ist das Licht der Welt.
Das Licht der Welt wohnt heute auf der Erde. Wir sehen durch dieses Licht: es umgibt die Erde, ist Erdenlicht. In diesem Erdenlicht wohnt das Ich-Bin.

Licht und Sein

Es ist nicht schwer einzusehen, daß das Begriffliche, das Ideelle nicht aus dem Menschen einem sinnlichen Dinge hinzugefügt wird, wenn auch dieses Ideelle im Menschen in Erscheinung tritt. Die Idee »Kupfer« ist nicht vom Menschen an das Kupfer herangetragen (nicht einmal das Wort hat der Mensch »erfunden«), sondern sie ist eben das, was das Kupfer ausmacht. Woran würde es denn der Mensch herangetragen haben? An das Kupfer!
Der Mensch erkennt vom Sinnesding eben die Idee. Dieselbe, welche das Ding, seine Qualität ausmacht: das Wesentliche, das in verschiedenen Erscheinungsformen dem Menschen begegnen kann: er erkennt es als »das«. Wenn der Mensch eine neue Idee schöpft, die der Gabel etwa, so existiert die Idee zuerst, dann muß er selbst ihr die äußere Form geben, sie mit Stoff ausfüllen. Die Natur besteht aus solchen Ideen, die sich selber verwirklichen: die Pflanze, der Stein warten nicht, bis sie vom Menschen gemacht werden.
Was ein Ding verwirklicht, das Begegnende, ist immer die Idee, ob sie vom Menschen oder von der Natur geschaffen ist. Wodurch das Ding, ob vom Menschen, ob von der Natur geschaffen, erkannt wird, ist seine Idee. Das Erkennbare ist das Schöpferische, das den Dingen ihr Sein schenkt. Das ist dasselbe, wodurch sie erkannt werden.
Das Schöpferische ist lebendige Idee. Ebenso ist dasjenige immer lebendig, wodurch das Ding erkennbar ist als »das«. Die Universalia

sind lebendig. Toter Begriff, Nominalismus, entsteht nur im Menschen.
Aber das ermöglicht ihm, die Universalia zu sehen. In ihrem Totsein. Damit er die eigene Lebendigkeit erkenne. Damit er dadurch auch die Lebendigkeit der Universalien erschaue. So aufersteht er. So auferstehen sie.

Der Sieg

Die weltliche Welt ist immer die von uns geschaute, von dem Alltagsbewußtsein erkannte Welt: die Erde. Sie ist ein Zeichen des Gefallenseins des Menschen, zugleich aber ein Zeichen seiner möglichen Auf-Erstehung: die die Auferstehung der Erde, des Kosmos wird, aus diesem harten Kern.
Die Welt zu besiegen vermag nur derjenige, der alle seine »Verhältnisse« zu Formen dieser Welt besiegt hat: der frei ist von allem Haften an der Welt, dessen Bewußtsein bestehen kann ohne diese Formen der Welt. Er kann die Welt lieben, d.h. sie erkennen in ihrer immer unverborgenen wahren Gestalt.
Die Welt zu besiegen, heißt: die Welt zu schauen vor ihrem Totwerden in uns, in ihrer Lebendigkeit als Himmel. Die Welt zu besiegen, heißt: die Erde in den Himmeln zu schauen und die Himmel auf die Erde zu bringen. Die Welt zu besiegen heißt: die Erde so zu schauen, wie sie im Geiste schon ist – seit Golgatha. Seitdem hat sie neues Licht. Seitdem ist sie aufgehende, gerade entzündete Sonne.
»Solches habe ich mit euch geredet, daß ihr in mir Frieden habet. In der Welt habt ihr Bedrängnis; aber habet Mut, das Ich hat die Welt besiegt.« (Joh. 16, 33) – »Denn alles, was von Gott geboren ist, besiegt die Welt; und unser Glaube ist der Sieg, der die Welt besiegt.« (1. Joh. 5,4)
Den Glauben zu erringen und die Welt zu besiegen: das ist ein und derselbe Sieg.

Anmerkungen

1 M. Scaligero: La Logica contro l'Uomo, Roma 1967, S. 92, 105 ff.
2 M. Scaligero: Trattato del Pensiero Vivente, Milano 1961.
3 R. Steiner: Die Philosophie der Freiheit, Dornach 1973, (GA 4), S. 43.
4 S. Anm. 3, S. 43.
5 S. Anm. 3, S. 57.
6 S. Anm. 3, S. 95.
7 M. Scaligero: Segreti del Tempo e dello Spazio, Roma 1963.
8 R. Steiner: Der menschliche und der kosmische Gedanke, Dornach 1961 (GA 151), S. 69.
9 R. Steiner: Ein Weg zur Selbsterkenntnis des Menschen, Dornach 1968 (GA 16).
10 S. Anm. 3, S. 142 - 143.
11 S. Anm. 3, S. 145.
12 S. Anm. 3, S. 146.
13 S. Anm. 3, S. 256.
14 M. Scaligero: L'Avvento dell'Uomo Interiore, Firenze 1959, S. 249.
15 R. Steiner: Theosophie, Dornach 1973 (GA 9), S. 52, 53.
16 S. Anm. 3, S. 255.
17 R. Steiner: Das Ewige in der Menschenseele. Unsterblichkeit und Freiheit, Dornach 1962 (GA 67), Vortrag vom 21. 2. 1918.
18 Zur reinen Wahrnehmung führen die von R. Steiner angegebenen "Wahrnehmungsübungen", u.a. im Buche "Wie erlangt man Erkenntnisse der höheren Welten", Dornach 1972 (GA 10).
19 S. zu dem ausgeführten Übungsweg: R. Steiner: Anweisungen für eine esoterische Schulung, Dornach 1973 (GA 245), 1. Kap.;
Die Stufen der höheren Erkenntnis, Dornach 1959 (GA 12), 1. Kap.;
Die Geheimwissenschaft im Umriß, Dornach 1968 (GA 13), S. 299 ff.;
s. außerdem: M. Scaligero: La Logica contra l'Uomo, Rom 1967, 2. Teil, Kap. 4;
Yoga Meditazione Magia, Rom 1971, 1. Teil 10 und 13.
20 S. Anm. 15, 1. Kap.
21 R. Steiner: Inneres Wesen des Menschen und Leben zwischen Tod und neuer Geburt, Dornach 1959 (GA 153), S. 8.
22 M. Scaligero: Yoga Meditazione Magia, Rom 1971, S. 81.

Weiterführende Bücher von Georg Kühlewind

Die Wahrheit tun

Erfahrungen und Konsequenzen des intuitiven Denkens

204 Seiten, kartoniert

In diesem Werk, das sich an die »Bewußtseinsstufen – Meditationen über die Grenzen der Seele« anschließt, geht Kühlewind den Weg der Kontemplation weiter in einer Weise, die den Leser unmittelbar neue Qualitäten des Denkens, Fühlens und Wollens erleben läßt. Dieser Übungsweg führt in eine Sphäre schöpferischer Kräfte. Hier treten die geisteswissenschaftlichen Inhalte ohne Voraussetzung, ohne Beweislast auf: sie entfalten sich aus eigener Quelle. In dieser kontemplativen Welt ist der Mensch Zeuge des »achten Schöpfungstages«, an dem der geistige Ursprung der Welt – als mit dem Menschen verbundener Wesensgrund – offenbar wird.

Inhalt: Das Denken über das Denken / Meditation / Über die Reinheit des Strebens / Die zweite Stufe der Meditation / Über das reine Wahrnehmen / Über das geisteswissenschaftliche Studium / Die solare Natur des Denkens / Das Vergeben / Ostern / Das Ende des Siebenten Tages / Über die Wirklichkeit des Menschen / Über die moralische Intuition / »Nur eine kleine Weile. . .« / Geisteswissenschaft und Christentum / Warum Geisteswissenschaft?

Das Gewahrwerden des Logos

Die Wissenschaft des Evangelisten Johannes

165 Seiten, kartoniert

Wer auch nur die ersten Verse des Johannes-Evangeliums liest, wird gewahr, daß der Text für das gewöhnliche Bewußtsein unverständlich, ja widerspruchsvoll ist. Das liegt vor allem daran, daß der Text – in einer Mysteriensprache verfaßt – von Erkenntniserfahrungen verborgener, geistiger Wirklichkeiten handelt, von vorbewußten, überbewußten Vorgängen, die dem gewöhnlichen Bewußtsein vorausgehen und aus denen dieses herausgefallen ist. So bedarf es einer eigenen, meditativen Einübung des Denkens, durch die allein ein Verstehen dieses spirituellen Textes erhofft werden kann.

Inhalt:

Das Gewahrwerden des Logos / Das Wort im Urbeginn / Das Licht in der Finsternis / Martyria / Der Sprechende / Das Leben / Der Geist / Gottes Wohnen. Die Tempelstadt / Die Kirche / Charis und Aletheia / Johannes / Die Logoslehre und die Geisteswissenschaft.

VERLAG FREIES GEISTESLEBEN